LE MOT POUR DIRE

ALLEMAND

W0410489

Vocabulaire Illustré

Françoise TARD

BORDAS

Illustrations : Catherine BEAUMONT

© LAROUSSE BORDAS, Paris 1996
© BORDAS, Paris 1991
I.S.B.N. 2-04-019261-1

Toute représentation ou reproduction, intégrale ou partielle, faite sans le consentement de l'auteur, ou de ses ayants-droit, ou ayants-cause, est illicite (article L. 122-4 du Code de la Propriété Intellectuelle). Cette représentation ou reproduction, par quelque procédé que ce soit, constituerait une contrefaçon sanctionnée par l'article L. 335-2 du Code de la Propriété Intellectuelle. Le Code de la Propriété Intellectuelle n'autorise, aux termes de l'article L. 122-5, que les copies ou reproductions strictement réservées à l'usage privé du copiste et non destinées à une utilisation collective d'une part et, d'autre part, que les analyses et les courtes citations dans un but d'exemple et d'illustration.

Préface

Nous avons réuni dans cet ouvrage plus de 4 000 mots d'allemand courant, à l'usage des élèves en fin de premier cycle, des lycéens ainsi que des adultes désireux de consolider et d'enrichir leur vocabulaire de base.

Les mots, classés par thèmes, sont regroupés en 40 chapitres, divisés eux-mêmes en plusieurs sous-chapitres d'une page. Cette présentation simple et claire facilite la consultation et permet de retrouver aisément un mot dans un contexte thématique donné.

Nous avons préféré cette présentation qui favorise la mémorisation des mots.

Tous les sous-chapitres sont complétés par des encadrés dont le contenu est très varié : expressions idiomatiques ou proverbes ; remarques sur les utilisations particulières de certains mots ; commentaires sur la civilisation et les coutumes...

Dans chaque chapitre les illustrations, souvent humoristiques, favorisent l'accès immédiat au sens. En outre, elles permettent de mieux fixer les mots déjà vus.

F. T.

REMARQUES :

Les formes des verbes dits forts sont indiquées dans la parenthèse qui suit ces verbes. Ex. : **helfen(i, a-o)** signifie **hilft** (3e pers. sing. présent), **half** (1re et 3e pers. sing. prétérit), **geholfen** (participe passé).

Les verbes qui se conjuguent avec l'auxiliaire **sein** sont suivis d'un astérisque.

Après chaque substantif est indiquée la forme du pluriel. Ex. : **der Mann(¨-er)** signifie que la forme pluriel est : **die Männer**.

Lorsque le substantif est suivi de deux terminaisons, la première est la forme du génitif qui est irrégulier dans ce cas. Ex. : **der Junge(n-n)** signifie que le génitif est **des Jungen** et que le pluriel est **die Jungen**.

Lorsqu'un substantif est repris en étant précédé de **ein**, ce substantif est un adjectif substantivé. Ex. : **der Deutsche(n-n)**
ein Deutscher.

Normalement, le féminin d'un nom se forme en ajoutant **-in**. Seules les formes comportant une irrégularité sont indiquées ici. Ex. : **der Arzt, die Ärztin**.

Les chiffres apparaissant dans les illustrations renvoient aux mots suivis du même chiffre dans le chapitre correspondant.

Abréviations utilisées : *fam* : familier ; *plur* : pluriel ; *sing* : singulier ; *nom* : nominatif ; *acc* : accusatif ; *dat* : datif ; *gén* : génitif.

Inhaltsverzeichnis
Table des matières

Feste Redewendungen 1 ◆ Tournures d'usage courant 1

hallo !	salut !
wie geht's ?	comment ça va ?
wie geht es dir ?	comment vas-tu ?
nicht so gut	pas tellement bien
mir geht's sehr gut !	je vais très bien !
guten Morgen	bonjour ! (le matin)
guten Tag	bonjour ! ~~(dans la journée)~~
guten Abend	bonsoir !
gute Nacht	bonne nuit !
ist da jemand ?	il y a quelqu'un ?
entschuldigen Sie die Störung !	excusez-moi de vous déranger.
es freut mich, dich zu sehen.	je suis content(e) de te voir.
sehr erfreut !	enchanté (de faire votre connaissance) !
darf ich mich vorstellen ?	puis-je me présenter ?
auf Wiedersehen !	au revoir !
bis bald !	à bientôt !
bis nachher !	à tout à l'heure !
bis später !	à plus tard !
bis gleich !	à tout de suite !
tschüs !	salut !
gutes neues Jahr !	bonne année !
viel Glück ! alles Gute !	bonne chance !
herzlichen Glückwunsch zum Geburtstag !	bon anniversaire !
frohe Weihnachten !	joyeux Noël !
prost !	à ta santé
Gesundheit !	à tes souhaits !
es lebe... !	vive... !
wie heißt das auf Deutsch ?	comment ça se dit en allemand ?
das verstehe ich nicht	je ne comprends pas
entschuldigen Sie !	excusez-moi !
verzeihen Sie ! (ie-ie)	pardon !
macht nichts	ça ne fait rien
danke !	merci !
danke schön !	merci bien !
vielen Dank !	merci beaucoup !
Achtung ! Vorsicht !	attention

On peut imaginer ce dialogue :

– *Guten Tag !*
– *Hallo ! Wie geht es Ihnen ? Es freut mich Sie zu sehen, Sie sind ja krank gewesen !* (... d'autant plus que vous avez été malade !)
– *Ja, aber jetzt geht alles wieder gut. Wenn Sie wollen, können wir heute abend irgendwo zusammenkommen.* (... nous pouvons nous voir ce soir quelque part.)
– *Gut ! Kommen Sie zu mir.*
– *Einverstanden. Bis später.*
– *Auf Wiedersehen.*

Feste Redewendungen 2 ◆ *Tournures d'usage courant 2*

fragen	demander (poser une question)
bitten(a-e)	demander (prier)
wie bitte ?	comment ? que dites-vous ?
wie	comment
wann	quand
wo	où (locatif)
wohin	où (directif)
woher	d'où
was	qu'est-ce que, quoi
wer(nominatif)	qui (sujet)
wen(accusatif)	qui (c.o.d.)
wem(datif)	à qui
wessen(génitif)	de qui
welche(r, s)	quel(le)
wieviel	combien
warum	pourquoi
weshalb, wieso	pour quelle raison
ja	oui
nein	non
doch	si
weiß ich *(fam)* = **ich weiß**	je sais
so ist es	c'est comme ça
das wär's	ça y est
es ist mir gleich	ça m'est égal
gut	bien
gern	volontiers
gewiß	certainement
sicher	sûrement
natürlich	naturellement
selbstverständlich	évidemment
genau	exactement
es ist möglich	c'est possible
wohl möglich	bien possible
gerne	avec plaisir
gern geschehen, bitte schön/sehr	je vous en prie, il n'y a pas de quoi
kann sein	c'est possible, peut-être
in Ordnung	c'est réglé, d'accord
bitte	je vous en prie
es tut mir leid	je regrette
(es ist) schade	(c'est) dommage
das ist nicht schlimm	ce n'est pas grave
leider	hélas
sei mir nicht böse !	ne m'en veux pas !
(ich) bedaure	je regrette
mach dir keine Sorgen !	ne t'en fais pas !
das ist ärgerlich	c'est contrariant
ich mache es nicht wieder	je ne le ferai plus
zu dumm !	trop bête !
absichtlich machen	faire exprès

Notez :
Ich glaube, etwas ist nicht in Ordnung. Je crois que quelque chose va de travers.
Es ist alles in Ordnung. Tout est pour le mieux.
Woher soll ich das wissen ? Comment le saurais-je ?
Woher kommt es, daß Sie so nervös sind ? Comment se fait-il que vous soyez si nerveux ?

Ich und die anderen

1

Moi et les autres

Identität ◆ *L'identité*

der Name(ns-n)	le nom
der Nachname(ns-n), der Familienname (ns-n)	le nom de famille
der Vorname(ns-n)	le prénom
der Mädchenname (ns-n)	le nom de jeune fille
heißen(ie-ei)	s'appeler
nennen(nannte-genannt)	nommer, appeler
der Herr(n-en)	le monsieur
die Frau(en)	la dame, la femme
das Fräulein(-)	la demoiselle
das Alter(-)	l'âge
geboren werden	naître
der Geburtsort(e)	le lieu de naissance
das Geburtsdatum(ten)	la date de naissance
die Nationalität(en), die Staatsangehörigkeit(en)	la nationalité
der Reisepaß(¨-sse)	le passeport
der Ausweis(e)	la pièce d'identité, les papiers
der Personalausweis(e)	la carte d'identité
der Ausländer(-)	l'étranger
die Ausländerin(nen) 1	l'étrangère
der Wohnort(e)	le domicile, la résidence
wohnen	habiter
stammen aus	être originaire de
verheiratet	marié
unverheiratet, ledig	célibataire
geschieden	divorcé
verwitwet	veuf, veuve
die Witwe(n)	la veuve
der Witwer(-)	le veuf
unterschreiben(ie-ie) 2	signer
die Unterschrift(en)	la signature

Pour demander à quelqu'un comment il s'appelle, on peut dire : *Wie heißen Sie ?* ou bien : *Wie ist Ihr Name ?* et on peut répondre : *Ich heiße...* ou *Mein Name ist...*

Notez aussi :
Sie haben ihre Tochter Lisa genannt. Ils ont appelé leur fille Lisa.

Pour demander à quelqu'un d'où il est, on dit :
Woher kommen Sie ? D'où êtes-vous ? – Réponse : *Aus Italien.* D'Italie.

On peut entendre la question :
Welche Staatsangehörigkeit haben Sie ? Quelle nationalité avez-vous ? – Réponse : *Ich bin Deutscher, Französin...* Je suis Allemand, Française...

Pour demander l'âge de quelqu'un on dit :
Wie alt bist du ? – Réponse : *Ich bin 16 (Jahre alt).*
Notez encore :
Ich wurde in Bonn geboren. Je suis né à Bonn.

Lebensalter ◆ *Les âges de la vie*

die Geburt(en)	la naissance
der Mensch(en-en)	l'être humain
der Mann(¨-er) 3	l'homme, le mari
die Frau(en) 4	la femme, l'épouse
das Baby(s) 5	le bébé
das Kind(er)	l'enfant
kindlich, kindisch	enfantin, puéril
das Mädchen(-) 6	la fille
der Junge(n-n) 7	le garçon
der Jugendliche(n-n) **ein Jugendlicher**	le jeune, l'adolescent
die jungen Leute	les jeunes gens, les adolescents
die Jugend	la jeunesse
jung	jeune
alt	vieux
erwachsen	adulte
der Erwachsene(n-n), ein Erwachsener	l'adulte
minderjährig	mineur
volljährig, mündig	majeur
männlich	masculin, viril
weiblich	féminin
reif	mûr
die Flegeljahre *(plur)*	l'âge ingrat
der Greis(e)	le vieillard
die Greisin(nen)	la vieille femme
der Fünfzigjährige (n-n), ein Fünfzigjähriger	le quinquagénaire
leben	vivre
das Leben(-)	la vie
lebendig, lebend	vivant
sterben(i, a-o)*	mourir
der Tod	la mort
tot	mort

Au lieu de *erwachsen, die Erwachsenen* on dit aussi dans un langage plus familier : *groß, die Großen.*

Vous pourez lire : *Jugendliche unter 16 Jahren haben keinen Zutritt.* Interdit au moins de 16 ans.

Quelques expressions :
kindisch werden, tomber en enfance ; *von Kinderbeinen an,* dès la plus tendre enfance.

Ce sont les garçons qui sont *in den Flegeljahren.* Une jeune fille du même âge est *ein Backfisch.*

Notez : *mit fünfzig, sechzig... Jahren,* à cinquante, soixante... ans.

Un proverbe :
Kleine Kinder, kleine Sorgen, große Kinder, große Sorgen. Petits enfants, petits soucis, grands enfants, grands soucis.

Die Familie 1 ◆ *La famille 1*

die Familie(n)	la famille
die Eltern *(plur)*	les parents
der Vater(¨-) 8	le père
der Vati(s), der Papa(s)	le papa
die Mutter(¨-) 9	la mère
die Mutti(s), die Mama(s)	la maman
das Kind(er)	l'enfant
der Sohn(¨-e)	le fils
die Tochter(¨-)	la fille
der Bruder(¨-)	le frère
die Schwester(n)	la sœur
die Geschwister *(plur)*	les frères et sœurs
der Zwilling(e)	le jumeau, la jumelle
der Zwillingsbruder(¨-)	le frère jumeau
die Zwillings-schwester(n)	la sœur jumelle
der Ältere(n-n)	l'aîné (de deux)
der Älteste(n-n)	l'aîné (de plusieurs)
der Jüngere(n-n)	le cadet (de deux)
der Jüngste(n-n)	le cadet (de plusieurs)
die Großeltern *(plur)*	les grands-parents
der Großvater(¨-) 10	le grand-père
der Opa(s)	le papi
die Großmutter(¨-) 11	la grand-mère
die Oma(s), die Omi(s)	la mamie
das Enkelkind(er)	le petit-enfant
der Enkel(-)	le petit-fils
die Enkelin(nen)	la petite-fille
der Onkel(-)	l'oncle
die Tante(n)	la tante
der Neffe(n)	le neveu
die Nichte(n)	la nièce
der Vetter(n), der Cousin(s)	le cousin
die Kusine(n), die Cousine(n)	la cousine
der Verwandte(n-n), ein Verwandter	le parent (personne de la famille)
die Verwandt-schaft(en)	la parenté
der Stammbaum(¨-e)	l'arbre généalogique
die Waise(n)	l'orphelin(e)
das Waisenhaus(¨-er)	l'orphelinat
der Vormund(e)	le tuteur
der Pate(n-n)	le parrain
die Patin(nen)	la marraine
das Patenkind(er)	le filleul, la filleule

On dit :
Er ist drei Jahre älter/jünger als ich. Il est mon aîné/cadet de trois ans.
ein älterer Herr, eine ältere Dame, un monsieur, une dame d'un certain âge ;
keinen Vater und keine Mutter mehr haben, eine vater-und mutterlose Waise sein, être orphelin(e) de père et de mère.

On dit encore :
ein Kind großziehen, élever un enfant.

et aussi :
ein ungezogenes, wohlgezogenes Kind, un enfant mal/bien élevé.

Die Familie 2 ◆ *La famille 2*

sich verlieben in(+acc.)	tomber amoureux de
die Verlobung(en)	les fiançailles
der Verlobte(n-n) ein Verlobter	le fiancé
heiraten	se marier
verheiratet sein	être marié
die Heirat(en)	le mariage (l'acte)
die Hochzeit(en)	le mariage (la fête)
die Ehe	le mariage (le ménage)
das Ehepaar(e)	le couple
der Ehemann(¨-er), der Gatte(n-n) 12	le mari, l'époux
die Ehefrau(en), die Gattin(nen) 13	la femme, l'épouse
der Ehebruch(¨-e)	l'adultère
der Schwager(¨-)	le beau-frère
die Schwägerin(nen)	la belle-sœur

die Schwiegereltern *(plur)*	les beaux-parents
der Schwiegervater(¨-)	le beau-père
die Schwiegermutter(¨-)	la belle-mère
der Schwiegersohn(¨-e)	le gendre
die Schwiegertochter(¨-)	la belle-fille
der Stiefvater(¨-)	le beau-père
die Stiefmutter(¨-)	la belle-mère
adoptieren	adopter
der Adoptivsohn(¨-)	le fils adoptif
die Adoptivtochter(¨-)	la fille adoptive
väterlich	paternel
mütterlich	maternel
die Scheidung(en)	le divorce
sich scheiden lassen(ä, ie-a)	divorcer
sich trennen	se séparer
getrennt sein	être séparé

Quand quelqu'un est amoureux on dit : *Er ist verliebt in sie. Sie ist verliebt in ihn.*

Notez que le verbe *heiraten* est transitif :
Er hat Christel geheiratet. Il s'est marié avec Christel.

Ne confondez pas : *der Schwiegervater, die Schwiegermutter* etc., avec *der Stiefvater, die Stiefmutter* : *der Schwiegervater* est le père de l'époux ou de l'épouse ; *der Stiefvater* est le mari en secondes noces d'une femme, par rapport aux enfants *(die Stiefkinder)* que cette femme a eus d'un premier mari.

Notez :
in erster, zweiter... Ehe, en premières, deuxièmes... noces ;
die Kinder aus erster Ehe, aus zweiter Ehe, les enfants d'un premier, d'un second mariage.

Un proverbe :
Man kann nicht auf zwei Hochzeiten tanzen.
On ne peut pas avoir le beurre et l'argent du beurre.

Gesellschaftsleben ◆ *La vie sociale*

der Freund(e)	l'ami
die Freundin(nen)	l'amie
kennen(kannte-gekannt)	connaître
der Bekannte(n-n), ein Bekannter	la connaissance, l'ami
kennen/lernen	faire la connaissance de
treffen(i, a-o), begegnen (+dat.)*	rencontrer
die Verabredung(en)	le rendez-vous
verabredet sein mit	avoir rendez-vous avec
sich verabreden mit	prendre rendez-vous avec
ein/laden(ä, u-a)	inviter
die Einladung(en)	l'invitation
der Gast(¨-e)	l'invité
(sich)vor/stellen	(se) présenter
besuchen	rendre visite à
grüßen	saluer
empfangen(ä, i-a)	recevoir
auf/nehmen(i, a-o)	accueillir
die Party(s)	la boum, la surprise partie
Abschied nehmen(i, a-o)	prendre congé
das Fest(e)	la fête
feiern	fêter, célébrer
gratulieren (+dat.)	féliciter
schenken	offrir (un cadeau)
das Geschenk(e)	le cadeau
an/bieten(o-o)	offrir, proposer
sich gut verstehen (verstand, verstanden)	bien s'entendre
darf ich ?	puis-je ? vous permettez ?

Pour dire bonjour le matin : *guten Morgen !*
dans l'après midi : *guten Tag !*
dans la soirée : *guten Abend !*

Si vous connaissez le nom de la personne, vous pouvez l'ajouter : *Guten Tag, Frau Albrecht !* Bonjour Madame Albrecht !

Par contre, si vous ne connaissez pas son nom, ne dites pas : *Guten Tag, Frau !* mais seulement : *Guten Tag !*

En Allemagne du Sud on dit, comme en Autriche : *Grüß Gott !* Entre amis : *Grüß dich !*

En se quittant on dit : *Auf Wiedersehen !* ou *Tschüß !* (plus familier).

Notez :

Darf ich mich vorstellen ?	Puis-je me présenter ?
Darf ich Ihnen... vorstellen ?	Puis-je vous présenter... ?
Er ist ein Bekannter von mir.	C'est une de mes connaissances.
Ich habe ihn in England kennengelernt.	J'ai fait sa connaissance en Angleterre.

Un rendez-vous se dit aussi *der Termin(e)* : *einen Termin fest/setzen*, fixer une date, un rendez-vous.

Vous voulez féliciter quelqu'un : *Ich gratuliere !* Toutes mes félicitations !

Das Aussehen

2

L'aspect physique

Das Aussehen 1 ◆ L'aspect physique 1

das Äußere(n)	le physique, l'apparence
aus/sehen(ie, a-e)	avoir l'air, paraître
die Miene(n)	la mine
der Wuchs(¨-e)	la stature, la taille
wachsen(ä, u-a)*	grandir
die Größe(n)	la taille
groß 1	grand
klein 2	petit
mittelgroß	de taille moyenne
größer werden (wurde, geworden)*	grandir
der Riese(n-n)	le géant
der Zwerg(e)	le nain
schlank 3	mince, élancé
mager 4	maigre
dünn	mince, peu épais
dünner werden(u-o), ab/nehmen(i, a-o)	maigrir, perdre du poids
dick 5	gros
dicker werden(u-o), zu/nehmen(i, a-o)	grossir, prendre du poids
fett	gras
beleibt	corpulent
wiegen(o-o)	peser
das Gewicht(e)	le poids
auf/fallen(ä, ie-a)*	frapper, se faire remarquer
gelenkig	souple
steif	raide

Pour vous demander de décrire quelqu'un, on dit : *Können Sie ihn beschreiben ?* Pouvez-vous le décrire ? ou bien : *Wie sieht er aus ?* Comment est-il ?

Vous pouvez dire :
Er sieht jung/alt aus. Il fait jeune, vieux.
Er sieht jünger/älter aus, als er ist. Il paraît moins/plus que son âge.

Notez aussi :
gut/schlecht aussehen, avoir bonne/mauvaise mine.
Wie siehst du aus ! De quoi as-tu l'air !

Pour demander la taille et le poids de quelqu'un on dit :
Wie groß bist du und wieviel wiegst du ? – Réponse : *Ich bin 1 Meter 65 (groß), und ich wiege 55 Kilo* .

Notez encore : *Ich habe ein Kilo zugenommen.* J'ai repris 1 kilo.
Das Baby hat wieder abgenommen. Le bébé a encore perdu du poids.
Er ist sehr gewachsen ! Il a beaucoup grandi !

Un exemple d'emploi : *Wenn man steif ist, wird man durch Gymnastik wieder gelenkig.* Quand on est raide, on redevient souple grâce à la gymnastique.

Das Aussehen 2 ◆ L'aspect physique 2

schön	beau
die Schönheit(en)	la beauté
hübsch	joli, mignon
häßlich	laid
die Häßlichkeit(en)	la laideur
die Kraft(¨-e)	la force
kräftig	vigoureux
die Stärke(n)	la force, la vigueur
stark	fort
schwach	faible
die Schwäche(n)	la faiblesse
weichlich	mou, efféminé
sauber	propre
schmutzig	sale
heiter	radieux
düster	sombre, morne
die Runzel(n), die Falte(n)	la ride
runzelig, faltig	ridé
behaart	poilu, velu ; chevelu
unbehaart	glabre, sans poils
kahl	chauve
fein	fin
grob	grossier
schäbig	miteux, déguenillé
unförmig	informe
lässig	nonchalant
lieblich	gracieux, agréable
reizend	charmant
der Reiz(e)	le charme
älter	d'un certain âge
gebrechlich	frêle, délicat
muskulös	musclé
blaß	pâle
blaß werden (wurde, geworden)	pâlir
braungebrannt	hâlé, bronzé
das Ding(e)	la chose
die Form(en)	la forme
der Umfang(¨-e)	la circonférence
lang	long
kurz	court
riesig	énorme
schmal	étroit
eng	serré
tief	profond
flach	plat
hoch	haut
niedrig	bas, peu élevé
schwer	lourd
leicht	léger
normal	normal
seltsam, sonderbar	étrange
wunderbar	merveilleux
sehenswürdig, sehenswert	remarquable
klasse !	super !
komisch	drôle

Expressions :
häßlich wie die Nacht, laid comme un poux ;
die Stirn runzeln ou *die Stirn in Falten ziehen,* froncer les sourcils.

De quelqu'un qui devient chauve on dit : *Er bekommt eine Glatze.*

Remarquez :
Karl der Kahle, Charles le Chauve ; *Karl der Große,* Charlemagne.

Formen und Farben ◆ Formes et couleurs

die Form(en)	la forme	**die Kurve(n)**	la courbe
in Form von	en forme de	**die Farbe(n)**	la couleur
rund	rond	**weiß** 10	blanc
der Kreis(e) 6	le cercle	**schwarz** 11	noir
die Kugel(n)	la boule, la sphère	**rot**	rouge
die Linie(n)	la ligne	**rosa** *(invar)*	rose
gerade	droit	**orange** *(invar)*	orange
krumm, gebogen	courbe, courbé	**gelb**	jaune
spitz	pointu, aigu	**grün**	vert
kariert	carré	**blau**	bleu
das Quadrat(e) 7	le carré	**violett**	violet
die Ecke(n) 8	l'angle	**lila** *(invar)*	lilas
das Rechteck(e) 9	le rectangle	**beige**	beige
rechteckig	rectangulaire	**grau**	gris
das Dreieck(e)	le triangle	**hell**	clair
dreieckig	triangulaire	**dunkel**	sombre, foncé
oval	oval	**bunt, farbig**	coloré, multicolore
der Punkt(e)	le point	**Ton in Ton**	ton sur ton

On retrouve comme en français les couleurs dans beaucoup d'expressions et de locutions :

rote Haare	des cheveux roux
das rote Kreuz	la Croix rouge
rot werden	rougir
ein blauer Fleck	un bleu
ins Blaue hineinschwatzen	parler en l'air
sich grün und gelb ärgern	être fou furieux
sich schwarz ärgern	se fâcher rouge
bekannt sein wie ein bunter Hund	être connu comme le loup blanc
es zu bunt treiben(ie-ie)	aller trop loin

Notez que l'on peut ajouter *hell-* ou *dunkel-* à chaque adjectif de couleur pour indiquer « clair » ou « foncé » : *hellgrün, dunkelgrün.*

Der menschliche Körper

3

Le corps humain

1
5
2
6
13
11
9
7
12
8
10

Der Kopf ◆ *La tête*

der Körper(-), der Leib(er)	le corps
der Kopf(¨-e)	la tête
das Haar(e) 1	le cheveu, la chevelure
er hat braunes Haar	il est brun, il a les cheveux bruns
blond	blond
dunkelblond	châtain
rothaarig	roux
kraus	frisé
glatt	lisse, raide (cheveux)
lockig	bouclé
die Locke(n)	la boucle
der Hals(¨-e) 2	le cou
das Gesicht(er)	le visage
die Stirn(e)	le front
die Nase(n)	le nez
atmen	respirer
das Auge(n)	l'œil
er ist blauäugig	il a les yeux bleus
die Wimper(n)	le cil
die Schläfe(n)	la tempe
die Wange(n), die Backe(n)	la joue
der Bart(¨-e)	la barbe
der Mund(¨-er)	la bouche
die Lippe(n)	la lèvre
beißen(i-iss)	mordre
der Zahn(¨-e)	la dent
kauen	mastiquer
die Zunge(n) 3	la langue
das Ohr(en) 4	l'oreille
der Nacken(-) 5	la nuque

Si quelqu'un a les yeux bleus on peut dire : *Er hat blaue Augen* ou *Er ist blauäugig*.

Notez le sens des expressions suivantes :

Er ist nicht auf den Mund gefallen.	Il a la langue bien pendue.
Ich habe die Nase voll. (familier)	J'en ai marre.
Er nimmt kein Blatt vor den Mund.	Il ne mâche pas ses mots.
Er spitzt die Ohren.	Il dresse l'oreille.
Halt den Mund !	Tais-toi !
Einen Frosch im Halse haben.	Avoir un chat dans la gorge.

Un proverbe :
Auge um Auge, Zahn um Zahn. Œil pour œil, dent pour dent.

Gliedmaßen ◆ *Les membres*

der Arm(e)	le bras
der Ell(en)bogen(-) 6	le coude
die Hand(¨e) 7	la main
das Handgelenk(e) 8	le poignet
der Finger(-)	le doigt
der Daumen(-)	le pouce
der Zeigefinger(-)	l'index
der Mittelfinger(-)	le majeur, le médius
der Ringfinger(-)	l'annulaire
der kleine Finger(-)	l'auriculaire, le petit doigt
der Nagel(¨)	l'ongle
die Faust(¨e)	le poing

das Bein(e) 9	la jambe
der Schenkel(-) 10	la cuisse
das Knie(-) 11	le genou
nieder/knien*	s'agenouiller
die Wade(n)	le mollet
der Knöchel(-)	la cheville
der Fuß(¨e) 12	le pied
zu Fuß gehen (ging-gegangen)*	aller à pied
die Ferse(n)	le talon
die Zehe(n)	l'orteil
die große Zehe	le gros orteil
die Fußsohle(n)	la plante des pieds

Quelques emplois et expressions :

an Händen und Füßen gefesselt, pieds et poings liés.
Er schüttelte ihm die Hand. Il lui donna une poignée de main.
Ich drücke (halte) dir den Daumen. Je te souhaite bonne chance.
Ich habe mir den Knöchel verstaucht. Je me suis foulé la cheville.
jemandem einen Faustschlag versetzen, donner un coup de poing à quelqu'un ;
jemandem einen Fußtritt versetzen, donner un coup de pied à quelqu'un ;
jemandem auf den Fersen folgen, être sur les talons de quelqu'un ;
von Kopf bis Fuß, des pieds à la tête.

Cf. la chanson chantée par Marlène Dietrich dans le célèbre film *Der blaue Engel* (L'Ange bleu) : « *Ich bin von Kopf bis Fuß auf Liebe eingestellt.* »

Rumpf und Organe ◆ *Le tronc et les organes*

der Oberkörper(-)	le buste
die Brust(¨-e) 13	la poitrine
der Busen(-)	la poitrine, le sein
die Schulter(n)	l'épaule
die Achsel(n)	l'épaule, l'aisselle
der Rücken(-) 14	le dos
die Seite(n)	le côté
die Taille(n)	la taille (la partie du corps)
der Taillenumfang(¨-e)	le tour de taille
die Figur(en)	la silhouette, la stature
der Magen(¨-)	l'estomac
der Bauch(¨-e) 15	le ventre
das Herz(ens-en)	le cœur
die Lunge(n)	le poumon
die Vene(n)	la veine
das Blut	le sang
der Blutkreislauf	la circulation sanguine
der Puls	le pouls
die Leber(n)	le foie
der Darm(¨-e)	l'intestin
die Niere(n)	le rein
die Haut(¨-e)	la peau
der Muskel(n)	le muscle
muskelstark	musclé
das Gesäß(e)	les fesses, le séant
der Hintern	le derrière
der Popo *(enfantin)* 16	les fesses
die Hüfte(n)	la hanche
der Wirbel(-)	la vertèbre
die Wirbelsäule(n)	la colonne vertébrale
der Knochen(-)	l'os

Quelques expressions :
die Schultern zucken ou *mit den Achseln zucken*, hausser les épaules ;
jemandem über die Achsel ansehen, regarder quelqu'un de haut en bas avec mépris ;
etwas auf die leichte Achsel nehmen, prendre quelque chose à la légère.
Sie hat eine gute Figur. Elle est bien faite.
Das bricht mir das Herz. Cela me fend le cœur.
Er schreit aus voller Lunge. Il crie à pleins poumons.
jemandem den Rücken zudrehen, tourner le dos à quelqu'un.

Sinne und Empfindungen ◆ Sens et sensations

der Sinn(e)	le sens
die fünf Sinne	les cinq sens
der Gesichtssinn	la vue (sens)
sehen(ie, a-e)	voir
schauen	regarder
schau mal !	redarde donc !
sich etwas an/schauen	regarder quelque chose
schau dir dieses Foto an !	regarde cette photo !
gucken *(fam)*	regarder
erblicken	apercevoir
der Blick(e)	le regard
er hat gute Augen	il a une bonne vue
blind	aveugle
das Gehör	l'ouïe
hören	entendre
zu/hören(+dat.)	écouter
hör mir gut zu !	écoute-moi bien
taub	sourd
der Lärm	le bruit
das Geräusch(e)	le bruit (léger)
laut	à voix haute, fort
leise	à voix basse, doucement
still	calme, silencieux
der Geruch	l'odorat, l'odeur
riechen(o-o)	sentir
es riecht nach Gas	ça sent le gaz
der Geschmack	le goût
schmecken	être bon, avoir bon goût
schmeckt es Ihnen ?	est-ce que cela vous plaît ? (au goût)
das Gefühl	le toucher, la sensation, le sentiment
fühlen	sentir, tâter
berühren	toucher
bitte nicht berühren !	il est interdit de toucher

Notez ces emplois :
aus dem Fenster sehen, regarder par la fenêtre.
in den Spiegel sehen, se regarder dans la glace.
Er läßt sich nicht sehen. Il ne se montre pas.
nicht mehr aus den Augen sehen können, dormir debout.
einen Blick auf etwas werfen, jeter un coup d'œil sur quelque chose.
Hören und Sehen verging ihm dabei ! Il en fut tout étourdi.
nichts von sich hören lassen, ne pas donner de ses nouvelles.
Ich weiß es nur vom Hören. Je ne le sais que par ouï-dire.

Remarquez l'emploi de *riechen* + préposition : *an einer Blume riechen,* sentir une fleur. *Es riecht hier nach Tabak.* Ça sent le tabac ici.

On dit : *Hier riecht es.* Ça sent mauvais ici.
einen feinen Geruch haben, avoir l'odorat fin.

WOLLE & ACRYL
FASHION!
NEUE KOLLEKTION
RÖCKE 59 DM
DAMENHOSEN 70 DM
REINE SEIDE
LEINEN 70%
FLANELL
100% BAUMWOLLE
6
5
15
17
16
11
18
9
3
22
4
2

Die Kleidung

4

Les vêtements

Kleidungsstücke 1 ◆ *Les vêtements 1*

an/ziehen (zog-gezogen)	mettre (un vêtement)
sich an/ziehen(o-o)	s'habiller
tragen(ä, u-a)	porter
aus/ziehen(o-o)	enlever (un vêtement)
sich aus/ziehen(o-o)	se déshabiller
sich um/ziehen(o-o)	se changer
die Damen-konfektion(en)	la confection femmes
die Herren-konfektion(en)	la confection hommes
das Kleid(er) 1	la robe
der Rock(¨-e) 2	la jupe
der Minirock(¨-e)	la minijupe
das Kostüm(e)	le tailleur
die Bluse(n) 3	le chemisier, le corsage
die Hose(n) 4	le pantalon
die Latzhose(n)	la salopette
die Jeans *(plur)*	le jean
der Strumpf(¨-e)	le bas, la chaussette
die Strumpfhose(n)	le collant
die Socke(n)	la socquette
der Slip(s)	le slip
die Unterhose(n)	la culotte
der Büstenhalter(-), der BH(-s)	le soutien-gorge
das T-Shirt(s)	le tee-shirt
das Unterhemd(en)	le tricot de corps
der Pullover(-), der Pulli(s) 5	le pull(over)
die Weste(n) 6	le gilet
die Jacke(n)	la veste (d'un costume ou tailleur)
das Jackenkleid(er)	le tailleur
die Strickjacke(n)	le cardigan, le gilet (tricoté)
das Jackett(s)	la veste, le veston
der Anzug(¨-e)	le costume
der Blazer(-)	le blaser
der Blouson(s) 7	le blouson
der Mantel(¨-) 8	le manteau
der Regenmantel(¨-) 9	l'imperméable
die Tasche(n) 10	la poche
die Uniform(en)	l'uniforme

On fait les distinctions suivantes en allemand :
Was hast du auf ? Que portes-tu ? (sur la tête).
Was hast du an ? Que portes-tu ? (comme vêtement sur toi) = *Was trägst du ?*
Was hast du um ? Que portes-tu ? (autour du cou).

Quelques proverbes et expressions :
Kleider machen Leute. L'habit fait le moine.
Es ist Jacke wie Hose. C'est bonnet blanc et blanc bonnet.
Er hängt sein Mäntelchen nach dem Winde. Il est opportuniste. Il est une vraie girouette.

Kleidungsstücke 2 ◆ *Les vêtements 2*

das Hemd(en)	la chemise
der Kragen(-) 11	le col
der Ärmel(-) 12	la manche
abgenutzt	usé
sich als ... verkleiden	se déguiser en
der Jogginganzug(¨-e)	le jogging (la tenue)
der Overall(s)	le survêtement, la combinaison
der Anorak(s)	l'anorak
der Schlafanzug(¨-e)	le pyjama
das Nachthemd(en)	la chemise de nuit
der Morgenrock(¨-e)	la robe de chambre
der Schuh(e) 13	la chaussure
das Paar Schuhe	la paire de chaussures
die Schuhgröße(n)	la pointure
der Sportschuh(e)	la chaussure de sport
der Tennisschuh(e)	la chaussure de tennis
der Laufschuh(e)	la chaussure de jogging
die Sandale(n)	la sandale
der Mocassin(s)	le mocassin
die Pumps *(plur)*	les escarpins
der Absatz(¨-e)	le talon (de la chaussure)
die Sohle(n)	la semelle
der Pantoffel(n)	la pantoufle
der Stiefel(-) 14	la botte
der Leinenschuh(e)	l'espadrille
der Bademantel(¨)	le peignoir de bain
der Badeanzug(¨-e), die Badehose(n)	le maillot de bain
der Bikini(s)	le bikini

Pour indiquer la taille que vous faites en vêtement, vous dites : *Ich habe Größe 38.* Je fais du 38.

Si on vous demande votre pointure, on vous dira :

Welche Schuhgröße haben Sie ? Quelle pointure faites-vous ? – Réponse : *Ich habe Schuhgröße 40.* Je chausse du 40.

Notez : *Mein Rock sitzt gut.* La jupe me va bien.

Expression :

jemandem etwas in die Schuhe schieben(o-o), mettre quelque chose sur le dos de quelqu'un.

Mode und Zubehör ◆ Mode et accessoires

die Mode(n)	la mode
unmodern, altmodisch	démodé
die Modefarbe(n)	la couleur à la mode
die Modenschau(en)	le défilé de mode, de mannequins
der Schnitt(e)	la coupe (d'un vêtement)
der Mode-Designer	le styliste
passen zu	aller avec
zusammen/passen	s'accorder
der Hut(¨e) 15	le chapeau
die Mütze(n)	la bonnet, la casquette
der Schal(e/s) 16	l'écharpe, le foulard
das Kopftuch(¨er)	le carré, le foulard
der Handschuh(e) 17	le gant
der Gürtel(-) 18	la ceinture
der Schlips(e), die Krawatte(n)	la cravate
die Fliege(n)	le nœud papillon
das Taschentuch(¨er)	le mouchoir
der Regenschirm(e) 19	le parapluie
die (Hand)tasche(n) 20	le sac (à main)
das Portemonnaie(s), der Geldbeutel(-), die Geldtasche(n)	le porte-monnaie
die Brieftasche(n)	le porte-feuille
die Brille(n)	les lunettes
eine Brille tragen (ä, u-a)	porter des lunettes
die Kontaktlinse(n)	la lentille de contact
die Sonnenbrille(n)	les lunettes de soleil
der Schmuck	la parure, les bijoux
der Modeschmuck	le bijou fantaisie
die Kette(n)	la chaîne
die Halskette(n) 21	le collier
der Ring(e)	la bague
der Ohrring(e)	la boucle d'oreille
der Armreif(en), das Armband(¨er)	le bracelet

Notez les tournures suivantes :
Es ist Mode. C'est à la mode.
Dieser Hut ist aus der Mode. Ce chapeau est démodé.
Dieser Pulli steht dir gut. Ce pull te va bien.
Diese Farbe paßt zu deinen Augen. Cette couleur va avec tes yeux.
Dieses Kleid paßt dir gut. Cette robe te va bien.

On dit : *Du hast schönen Schmuck.* Tu as de beaux bijoux.

Les maisons de haute couture sont *die tonangebenden Modehäuser*.
Les grandes villes de la mode en Allemagne sont *Düsseldorf, München* (Munich) *Hamburg* (Hambourg) et *Berlin*.

Materialien und Näharbeit ◆ Matières et couture

der Stoff(e)	le tissu, l'étoffe
die Wolle(-n)	la laine, le lainage
reine Wolle	pure laine
die Baumwolle	le coton
das Tuch(e)	le drap, l'étoffe (de laine)
das Nylon	le nylon
das Acryl	l'acrylique
die Seide(-n)	la soie
das Leinen(-)	la toile de lin
weich	souple
einfarbig	uni
bedruckt	imprimé
bunt	coloré
kariert	à carreaux
gepunktet	à pois
gestreift	à rayures
echt	véritable
gefüttert	doublé
die Spitze(-n)	la dentelle
das Leder(-)	le cuir
der Pelz(-e)	la fourrure, la peau d'un animal
der Knopf(¨-e) 22	le bouton
zu/knöpfen	boutonner
der Reißverschluß (¨-sse) 23	la fermeture éclair
der Faden(¨-)	le fil
die Nadel(n)	l'aiguille
die Stecknadel(n)	l'épingle
die Schere(n)	les ciseaux
die Nähmaschine(n)	la machine à coudre
die Strickware(n)	le tricot (le matériel)
stricken	tricoter
die Stricknadel(n)	l'aiguille à tricoter
das Schnittmuster(-)	le patron
nähen	coudre

Notez :
einen Knopf an/nähen, coudre un bouton ;
die Schere indique la paire de ciseaux : *Ich möchte eine Schere.* Je voudrais des ciseaux.

Pour se faire faire un costume, une robe sur mesure on va chez le tailleur *(der Schneider)*, ou chez la couturière *(die Schneiderin, die Nährerin(nen))*.

Expression :
auf Nadeln sitzen, être sur des charbons ardents.

Proverbe :
eine Stecknadel in einem Heuhaufen suchen, chercher une aiguille dans une botte de foin.

Essen und Trinken

5

Manger et boire

Vorbereiten und Küchengeräte 1 ◆ La préparation et les ustensiles 1

der Hunger	la faim
Hunger haben	avoir faim
essen (i, a-e)	manger
der Koch(¨-e)	le cuisinier
die Köchin(nen)	la cuisinière
der Kochherd(e)	la cuisinière (appareil)
das Kochbuch(¨-er)	le livre de cuisine
das Rezept(e)	la recette
die Küche(n)	la cuisine
das Gerät(e)	l'ustensile
der (Koch)topf(¨-e)	la casserole
der Schnellkochtopf(¨-e)	l'autocuiseur
der Deckel(-)	le couvercle
die Pfanne(n)	la poêle

das Brettchen(-)	la planche à découper
der Toaster(-)	le grille-pain
die Brotmaschine(n)	la machine à couper le pain
die Küchen-maschine(n)	le robot
die Kaffeemaschine(n)	la cafetière électrique
der Mixer(-)	le mixeur
die Nudelrolle(n)	le rouleau à pâtisserie
die Zitronenpresse(n)	le presse-citron
kochen	faire la cuisine

Notez les formes transitives et intransitives du verbe *kochen* et ses différents sens :

Wer kocht heute abend ? Qui fait la cuisine ce soir ?
Wer kocht das Essen ? Qui prépare le repas ?
Das Wasser kocht. L'eau bout.
Hast du die Kartoffeln gekocht ? As-tu fait cuire les pommes de terre ?

On dit aussi : *einen Kaffee kochen,* faire un café ; *Wasser zum Kochen bringen,* faire bouillir de l'eau.

Vorbereiten und Küchengeräte 2 ◆ *La préparation et les ustensiles 2*

braten (ä, ie-a)	bouillir, cuire
	(faire) rôtir/cuire,
grillen	(faire) griller
rösten	faire griller
backen (backte-gebacken)	faire cuire, frire
schälen	éplucher
schneiden (itt-itt)	couper
die Scheibe(n)	la tranche
hacken	hacher
das Salz	le sel
salzen (salzte, gesalzen)	saler

das Öl(e)	l'huile
der Essig(e)	le vinaigre
der Pfeffer(-)	le poivre
pfeffern	poivrer
das Gewürz(e)	l'épice
würzen	épicer
hinzu/fügen	ajouter
mischen	mélanger
um/rühren	remuer
auf/wärmen	réchauffer
das Mehl	la farine
die Milch	le lait

Remarquez :
einen Kuchen backen, faire un gâteau ;
Brot rösten, faire griller du pain ;
ein Steak braten, faire cuire un steak.

Remarquez aussi :
Gemüse putzen, éplucher des légumes ;
den Salat an/machen, assaisonner la salade ;
eine Prise Salz hinzu/fügen, ajouter une pincée de sel ;
auf kleiner Flamme gar/kochen, faire cuire à point, à feu doux.

Quand le lait déborde on dit : *Die Milch läuft über* et quand la viande brûle : *Das Fleisch brennt an.*

Tischdecken ◆ *Mettre la table*

das Tischtuch(¨-er)	la nappe
die Serviette(n) 1	la serviette
das Tablett(e)	le plateau
das Geschirr	la vaisselle
das Besteck(e)	le couvert (couteaux, fourchettes...)
die Gabel(n) 2	la fourchette
das Messer(-) 3	le couteau
der Löffel(-) 4	la cuillère
der Teller(-) 5	l'assiette
der flache Teller(-)	l'assiette plate
der Suppenteller(-)	l'assiette creuse
das Glas(¨-er) 6	le verre
die Tasse(n) 7	la tasse
die Untertasse(n)	la soucoupe
die Schale(n) 8	le bol
die Schüssel(n)	le plat (l'ustensile)
die Salatschüssel(n)	le saladier
die Suppenschüssel(n)	la soupière
der Brotkorb(¨-e)	la corbeille à pain
die Flasche(n)	la bouteille
der Flaschenöffner(-)9	le décapsuleur
der Korkenzieher(-)10	le tire-bouchon
der Dosenöffner(-)	l'ouvre-boîte
die Karaffe(n) 11	la carafe
der Salzstreuer(-)	la salière
der Pfefferstreuer(-)	la poivrière
die Kaffeekanne(n)	la cafetière
die Teekanne(n)	la théière
die Zuckerdose(n)	le sucrier
die Butterdose(n)	le beurrier
auf/tragen(ä, u-a), servieren	servir, mettre sur la table

Quelques expressions :

den Tisch decken	mettre la table
den Tisch ab/decken ou *ab/räumen*	desservir
das Tischtuch auf/legen	mettre la nappe
das Geschirr spülen	faire la vaisselle

On dit :
ein Glas Bier, un verre de bière ; *zwei Glas Bier,* deux verres de bière ;
eine Tasse Tee, une tasse de thé ;
eine Flasche Mineralwasser, une bouteille d'eau minérale.

Mahlzeiten und Nahrung 1 ◆ Les repas et la nourriture 1

die Nahrung(en)	la nourriture
das Essen(-), die Mahlzeit(en)	le repas
die Zwischen-mahlzeit(en)	le goûter, la collation
die Speisekarte(n)	la carte
das Gericht(e)	le plat
das Hauptgericht(e)	le plat principal
das Tagesgericht(e)	le plat du jour
das Leibgericht(e)	le plat favori
das Frühstück(e)	le petit déjeuner
das Brot(e) 12	le pain
das Brötchen(-), die Semmel(n)	le petit pain
das Butterbrot	la tartine de beurre
der Toast(s)	le toast
die Marmelade(n)	la confiture
der Rahm	la crème du lait
die Sahne	la crème fraîche
die Butter	le beurre
der Honig	le miel
der Käse(-)	le fromage
das Mittagessen(-)	le déjeuner
zu Mittag essen(ißt, aß-gegessen)	déjeuner
das Abendessen(-)	le dîner
zu Abend essen(i, a-e)	dîner
die Vorspeise(n)	le hors-d'œuvre, l'entrée
die Suppe(n)	la soupe, le potage
die Tagessuppe(n)	le potage du jour
der Salatteller(-)	l'assiette de crudités
der Schinken(-) 13	le jambon
die Hartwurst(¨-e)	le saucisson sec

Le dîner se prend souvent tôt, à 19 heures environ. On vous servira : *eine kalte Platte* ou encore *kalter Aufschnitt* (un genre d'assiette anglaise).
Au début d'un repas on dit :
Mahlzeit ! ou *Guten Appetit !* Bon appétit !
Au restaurant on vous demande :
Was nehmen Sie als Vorspeise ? Que prenez-vous comme entrée ?
Et on peut ajouter :
Es gibt nach Wahl... Il y a au choix...

Notez :
Die Nahrung est la nourriture et *das Nahrungsmittel(-)* l'aliment, le produit alimentaire.
Un magasin d'alimentation est *ein Lebensmittelgeschäft* et dans les supermarchés le rayon d'alimentation est *die Lebensmittelabteilung*.

Mahlzeiten und Nahrung 2 ◆ *Les repas et la nourriture 2*

das Fleisch	la viande
das Rindfleisch	le bœuf (la viande)
das Schweinefleisch	le porc
das Kalbfleisch	le veau
der Braten(-)	le rôti
der Sauerbraten(-)	la viande marinée
das Hammelfleisch	le mouton
das Kotelett(e/s)	la côtelette
das Wiener Schnitzel(-)	l'escalope panée
das Eisbein(-e)	le jarret de porc
die Roulade(n)	la paupiette
die Wurst(¨-e) 14	la saucisse
die Wurstwaren *(plur)*	la charcuterie
die Soße(n)	la sauce
das Geflügel	la volaille
das Brathähnchen(-) 15	le poulet rôti
der Fisch(e)	le poisson
die Forelle(n)	la truite
das Ei(er) 16	l'œuf
das Omelett(e)	l'omelette
das Spiegelei(er)	l'œuf sur le plat
das Gemüse	le(s) légume(s)
die Rohkost *(sing)*	les crudités
die Kartoffel(n)	la pomme de terre
die Salzkartoffel(n)	la pomme de terre à l'eau
das Sauerkraut	la choucroute
tiefgekühlt	surgelé
die Tiefkühlprodukte *(plur)*	les surgelés
die Konserven-büchse(n) 17	la boîte de conserves
die Konserve(n)	la conserve
der Reis	le riz
der Knödel(-)	la boulette (à base de fécule de pomme de terre)
die Nudel(n)	la nouille
der Kloß(¨-e)	la quenelle, la croquette
die Teigwaren *(plur)*	les pâtes
fett	gras
scharf	épicé
roh	cru
gar	à point (assez cuit)
durchgebraten	bien cuit (pour la viande)
überbacken	gratiné
zart	tendre
zäh	dur
gesalzen	salé

Au restaurant, lorsque vous commandez, par exemple, trois boissons ou trois plats identiques vous direz : *dreimal Apfelsaft* (trois jus de pomme) ou bien *dreimal Wiener Schnitzel* (trois escalopes panées).

Pour appeler le serveur vous direz : *Herr Ober, bitte !* Si c'est une serveuse : *Fräulein, bitte !*

Quelques plats assez courants qu'il faut connaître pour lire une carte au restaurant :

der Bauernschinken, le jambon fumé ; *die Leberwurst,* la saucisse de foie de porc ; *die Frikadelle,* le Hamburger froid ; *ein Deutsches Beefsteak,* un hamburger ; *das Jägerschnitzel,* l'escalope forestière ; *die Weißwurst,* genre de boudin blanc.

Il existe plus de 1500 variétés de saucisses *(Wurstsorten).*

Nachtisch und Süßigkeiten ◆ *Le dessert et les sucreries*

der Nachtisch(e)	le dessert
die Süßigkeit(en)	la sucrerie
der Joghurt(s)	le yaourt
der Quark(e)	le fromage blanc
das Obst	les fruits
der Obstsalat(e)	la salade de fruits
das Eis	la glace
der Kuchen(-) 21	le gâteau, la tarte
der Honigkuchen(-)	le pain d'épices
der Käsekuchen(-)	le gâteau au fromage
der Keks(e), das Plätzchen(-)	le gâteau sec
das Gebäck	la pâtisserie, les petits gâteaux
die Waffel(n)	la gaufre
die Schlagsahne	la crème Chantilly
das Kompott(e)	la compote
der Pudding(s/e)	le flan, la crème
der Pfannkuchen(-)	la crêpe, l'omelette
die Süßwaren *(plur)*	les friandises, les confiseries
die Schokolade	le chocolat
der/das Bonbon(s)	le bonbon
die Praline(n)	la crotte au chocolat
die gebrannte Mandel(n)	la praline
das Marzipan(e)	le massepain (la pâte d'amandes)
der Kaugummi(s)	le chewing-gum
der Lutscher(-)	la sucette
die Lakritze(-)	le réglisse
lecker	appétissant, délicieux
nahrhaft	nourrissant
bitter	amer
süß	sucré, doux
sauer	acide, aigre

Au restaurant on vous demandera : *Was nehmen Sie zum Nachtisch ?*

Remarquez pour éviter les confusions que : *die Vanillesoße* est de la crème anglaise et que *der Schokoladenpudding* est de la crème au chocolat.

Quelques gâteaux :
der Schwarzwald, la forêt noire (gâteau au chocolat avec cerises ou framboises) ;
der Sandkuchen, le sablé ;
der Stollen, une sorte de brioche aux fruits confits, enrobée de sucre glacé.

Getränke und Rauchwaren ◆ *Boire et fumer*

trinken(a-u)	boire
das Getränk(e)	la boisson
das Wasser 18	l'eau
das Leitungswasser	l'eau du robinet
das Mineralwasser	l'eau minérale gazeuse
der Sprudel(-)	l'eau gazeuse
die Limo(nade)	la limonade
der Saft(¨-e) 19	le jus de fruit
der Apfelsaft(¨-e)	le jus de pomme
der Apfelwein(e)	le cidre
der Zitronensaft(¨-e)	la citronnade
die Milch	le lait
der Kaffee(s)	le café
der Tee(s)	le thé, l'infusion
der Kakao(s)	le chocolat, le cacao
das Bier	la bière
der Wein(e)	le vin
der Tafelwein(e)	le vin ordinaire
der Weißwein(e)	le vin blanc
der Rotwein(e)	le vin rouge
der Roséwein(e)	le rosé
der Rheinwein(e)	le vin du Rhin
der Moselwein(e)	le vin de Moselle
der Sekt(-e)	le vin mousseux
der Alkohol(e)	l'alcool
der Kognak(-s)	le Cognac
der Schnaps(¨-e)	l'eau de vie
betrunken	ivre
die Zigarette(n)	la cigarette
die Zigarre(n)	le cigare
die Asche	la cendre
der Aschenbecher(-)	le cendrier
das Streichholz(¨-er) 20	l'allumette
das Feuerzeug(e)	le briquet
an/zünden	allumer
aus/machen	éteindre
der Tabak(e)	le tabac
die Pfeife(n)	la pipe

En Allemagne et en Autriche on boit rarement pendant les repas. On ne boit en principe pas d'eau du robinet et vous aurez un certain mal à obtenir de l'eau plate. On vous servira de l'eau gazeuse : *der Sprudel* ou *das Mineralwasser.*

Quand on lève son verre avant de boire on dit : *Zum Wohl !* ou : *Prosit ! Prost !* À votre santé !

Une expression imagée :
Er hat einen Bierbauch : Il a de la brioche (littéralement, un ventre plein de bière).

Les onze régions vinicoles allemandes s'étendent essentiellement dans les vallées du Rhin *(der Rhein)* et de la Moselle *(die Mosel).*

Un proverbe et une expression :

Der Appetit kommt beim Essen.	L'appétit vient en mangeant.
Sie gleichen sich wie ein Ei dem anderen.	Ils se ressemblent comme deux gouttes d'eau.

Gesundheit

6

La santé

Gesundheit und Krankheit ◆ *La santé et la maladie*

die Gesundheit	la santé
gesund	en bonne santé
krank	malade
die Krankheit(en)	la maladie
krank werden wurde-geworden)*	tomber malade
der Kranke(n-n), ein Kranker	le malade
schlimm	grave
es tut mir weh	cela me fait mal
Schmerzen haben	avoir des douleurs, avoir mal
leiden(itt-itt) an (+dat)	souffrir de
die Migräne	la migraine
das Kopfweh, die Kopfschmerzen *(plur)*	le mal de tête
Kopfweh haben	avoir mal à la tête
die Halsschmerzen *(plur)*	le mal de gorge
Halsweh haben 1	avoir mal à la gorge
seekrank sein	avoir le mal de mer
mir ist schlecht 2	j'ai mal au cœur
das Fieber(-)	la fièvre
das Fieber-thermometer(-)	le thermomètre
schwitzen	transpirer
die Wunde(n)	la blessure
verletzt sein	être blessé
bluten 3	saigner
behindert	handicapé
schwellen(i, o-o)*	enfler
ich friere(o-o), mir ist kalt	j'ai froid
die Erkältung	le refroidissement
eine Erkältung haben, erkältet sein	être enrhumé
sich erkälten	prendre froid, s'enrhumer
der Schnupfen(-)	le rhume
einen Schnupfen bekommen(a-o)	attraper un rhume
niesen 4	éternuer
der Husten(-)	la toux
husten	tousser
sich die Nase putzen 5	se moucher
ersticken	étouffer
mir ist schwindlig	j'ai le vertige
in Ohnmacht fallen(ä, ie-a)*	s'évanouir
sich verbrennen (verbrannte-verbrannt)	se brûler
es juckt mich	ça me gratte, ça me démange

À la question :

Wie geht es dir/Ihnen ?	Comment vas-tu/allez-vous ?

Vous pouvez répondre :

Mir geht est gut.	Je vais bien.
Mir geht es nicht gut.	Je ne vais pas bien.
Ich fühle mich wohl.	Je me sens bien.
Mir ist unwohl.	Je ne me sens pas bien.

Le médecin pourra également demander :

Was fehlt Ihnen ?	Qu'est-ce qui ne va pas ?

Krankheiten 1 ◆ *Les maladies 1*

das Krankenhaus(¨-er)	l'hôpital
die Klinik(en)	la clinique
das Ärztehaus(¨-er)	le centre médical
der Krankenwagen(-)	l'ambulance
die Erste Hilfe	les premiers secours
die Notaufnahme(n)	le service des urgences
die Bronchitis(-)	la bronchite
die Angina(-)	l'angine
der Krebs(e)	le cancer
das AIDS	le sida
der Herzanfall(¨-e)	la crise cardiaque
der Herzinfarkt(e)	l'infarctus
die Grippe(n)	la grippe
die Blinddarm-entzündung(en)	l'appendicite
der Durchfall(¨-e)	la diarrhée
die Verstopfung(en)	la constipation
die Magen-verstimmung(en)	l'indigestion
die Vergiftung(en)	l'intoxication
die Masern *(plur)*	la rougeole
der Mumps	les oreillons
die Röteln *(plur)*	la rubéole
der Keuchhusten	la coqueluche
die Mittelohr-entzündung(en)	l'otite
der Nerven-zusammenbruch(¨-e)	la dépression nerveuse
der Wahnsinn	la folie
das Rheuma(-)	le rhumatisme
der Sonnenstich(e)	le coup de soleil
sich das Bein brechen(i, a-o)	se casser la jambe
der Beinbruch(¨-e)	la fracture de la jambe
der Doktor(en)	le docteur, le médecin
der Arzt(¨-e) 6	le médecin
die Ärztin(nen)	le médecin (femme)
der Chirurg(en) 7	le chirurgien
der Zahnarzt(¨-e)	le dentiste
die Zahnärztin(nen)	le dentiste (femme)
die Karies(-)	la carie/les caries
die Plombe(n)	le plombage
taub	sourd
taubstumm	sourd-muet
gelähmt	infirme
blind	aveugle

Notez le sigle *AOK* : *Allgemeine Ortskrankenkasse*, l'équivalent de la Sécurité sociale en Allemagne.

Une expression familière :
Ich bin nicht ganz in Ordnung, je suis mal fichu.

Krankheiten 2 — Les maladies 2
Der Schlaf ◆ Le sommeil

untersuchen	examiner
verschreiben(ie-ie)	prescrire
das Rezept(e)	l'ordonnance
behandeln	traiter, soigner
pflegen	soigner
wirkungsvoll	efficace
das Medikament(e)	le médicament
die Medizin(en)	la médecine, le remède
die Tablette(n)	le cachet
die Pille(n) 8	la pilule
die Antibabypille(n)	la pilule contraceptive
die Salbe(n)	la pommade
der Hustensaft(¨-e)	le sirop contre la toux
heilen	guérir ; se cicatriser
die Operation(en)	l'opération
(sich) operieren(lassen) (ä, ie-a)	(se faire) opérer
die Narbe(n) 9	la cicatrice
die Blutabnahme(n)	la prise de sang
die Röntgen-aufnahme(n) 10	la radio(graphie)
röntgen	radiographier
die Spritze(n) 11	la piqûre
jemandem eine Spritze geben (i, a-e)	faire une piqûre à quelqu'un
impfen	vacciner
die Impfung(en)	la vaccination
der Verband(¨-e) 12	le pansement, le bandage
die Sozial-versicherung(en)	l'assurance sociale
die (Pflicht)kranken-kasse(n)	la caisse d'assurance maladie
schlafen(ä, ie-a), 13	dormir
der Schlaf	le sommeil
ein/schlafen(ä, ie-a)*	s'endormir
das Schlafmittel(-)	le somnifère
sich hin/legen	se coucher, s'étendre
von etwas träumen	rêver de quelque chose
der Traum(¨-e)	le rêve
der Alptraum(¨-e)	le cauchemar
erwachen*, auf/wachen*	se réveiller
wecken	réveiller
gähnen	bâiller
auf/stehen (stand-gestanden)*	se lever
müde	fatigué
todmüde	mort de fatigue
Diät halten(ä, ie-a)	suivre un régime
die Abmagerungs-kur(en)	la cure d'amaigrissement
sich erholen	se rétablir, se remettre, se reposer

En 1881 l'Empereur demande au Reichstag la création d'une *Sozialversicherung* (assurance sociale).

La RFA est parmi les pays du monde les mieux pourvus sur le plan médical : 1 médecin pour 400 personnes.

Remarquez que les mots *röntgen* (radiographier) et *die Röntgenaufnahme* (radiographie) sont dérivés du nom de *W. J. Röntgen* (1845-1923), l'inventeur des rayons X.

15
18
20
21
14
16
23
SHAMPOO
Venus
Hautcreme
22
17
25
REINIGUNGSMILCH
KLEOPATRA
19
26
24

Körperpflege ◆ *Les soins corporels*

sich waschen(ä, u-a)	se laver
baden	prendre un bain, se baigner
das Bad(¨-er)	le bain, la salle de bain
sich duschen	se doucher
die Dusche(n) 14	la douche
laß mir ein Bad ein !	fais-moi couler un bain
die Seife(n) 15	le savon
der Waschlappen(-)	le gant de toilette
das Handtuch(¨-er) 16	la serviette
das Badetuch(¨-er)	la serviette de bain
der Schwamm(¨-e)	l'éponge
(sich) kämmen	(se) peigner
der Kamm(¨-e) 17	le peigne
(sich) bürsten	(se) brosser
die Bürste(n) 18	la brosse
das Shampoo(s)	le shampooing
der Fön(e) 19	le sèche-cheveux
trocknen	sécher
die Zahnbürste(n) 20	la brosse à dents
sich die Zähne putzen	se laver les dents
die Zahnpasta (-pasten) 21	le dentifrice
sich rasieren	se raser
der Rasierapparat(e) 22	le rasoir
der/das Deo(s)	le déodorant
die Spraydose(n) 23	l'atomiseur, la bombe
sich parfümieren	se parfumer
das Make-up	le maquillage
sich schminken	se maquiller
der Lippenstift(e) 24	le rouge à lèvres
die Wimperntusche(n)	le fard à paupières
der Nagellack(e) 25	le vernis à ongles
sich die Fingernägel lackieren	se vernir les ongles
die Nagelfeile(n)	la lime à ongles
die Watte(n) 26	le coton (hydrophile)
die Waage(n)	le pèse-personne
der Tampon(s)	le tampon périodique
die Damenbinde(n)	la serviette hygiénique

Remarquez le sens figuré de cette expression :
Er hat ihm den Kopf gewaschen : il lui a dit ses quatre vérités.

Le mot *Bad* se retrouve dans de nombreux noms de villes d'eau : *Baden-Baden, Bad Wiessee...*

Die Wohnung

7

L'habitation

Bauwesen und Baustoffe ◆ *Le bâtiment et les matériaux*

bauen	construire, bâtir
errichten	édifier
das Gerüst(e)	l'échafaudage
der Architekt(en-en)	l'architecte
der Bauarbeiter(-)	l'ouvrier du bâtiment
der Ziegelstein(e) 1	la brique
der Dachziegel(-)	la tuile
der Zement(e)	le ciment
der Beton(s)	le béton
der Gips(e)	le plâtre
das Holz(-̈er)	le bois
das Brett(er) 2	la planche
das Werkzeug(e)	l'outil
verwenden (verwandte-verwandt)	employer
die Säge(n) 3	la scie
sägen	scier
der Hammer(-̈) 4	le marteau
der Nagel(-̈) 5	le clou
nageln	clouer
die Schraube(n) 6	la vis
schrauben	visser
der Stahl(-̈e)	l'acier
das Aluminium	l'aluminium
das Blech(e)	la tôle
die Kachel(n) 7	le carreau de faïence
ab/reißen(i-iss)	démolir
baufällig	délabré
das Fachwerk(e)	le colombage
das Fachwerkhaus (-̈er)	la maison à colombages

Quelques matériaux modernes : *die Hartfaserplatte(n)*, l'Isorel dur ; *die Weichfaserplatte(n)*, l'Isorel mou.

Pour visser on a besoin d'un tournevis *(der Schraubendreher)* : *eine Schraube andrehen*, serrer une vis ; *eine Schraube lösen*, desserrer une vis.

Quand la construction d'une maison n'est pas terminée on dit : *Am Haus wird noch gebaut*. La maison est encore en construction.

Notez ces expressions :

Luftschlösser bauen.	Bâtir des châteaux en Espagne.
Bei ihm ist eine Schraube locker.	Il a une araignée dans le plafond.

Das Haus ◆ La maison

das Haus(¨-er)	la maison	**die Klingel(n)**	la sonnette
die Villa (Villen)	la villa	**klingeln**	sonner
die Wohnung(en)	le logement, l'appartement	**öffnen, auf/machen, auf/schließen(o-oss)**	ouvrir
die Sozial-wohnung(en)	l'HLM	**zu/machen, ab/schließen(o-oss)**	fermer
die Fassade(n)	la façade	**das Erdgeschoß(sse), das Parterre(s)**	le rez-de-chaussée
das Dach(¨-er)	le toit	**das Kellergeschoß(sse) das Souterrain(s)**	le sous-sol
der Schornstein(e),	la cheminée	**der Keller(-)**	la cave
die Antenne(n)	l'antenne	**der Dachboden(¨-)**	le grenier
der Balkon(e)	le balcon	**der Hof(¨-e)**	la cour
die Terrasse(n)	la terrasse	**der Abstellraum(¨-e)**	le débarras
das Fenster(-) 8	la fenêtre	**die Alarmanlage(n)**	le système d'alarme
die Tür(en) 9	la porte	**die Sprechanlage(-n)**	l'interphone
der Schlüssel(-) 10	la clé		
das Schloß(¨-sser) 11	la serrure		

Quelques types de logements :

das Einfamilienhaus(¨-er)	le pavillon, la maison individuelle
das Doppelhaus(¨-er)	la maison jumelée
die Siedlung(en)	le lotissement, la cité
der Wohnblock(s)	le grand immeuble

On trouve aussi des alignements de maisons identiques contiguës *(Reihenhäuser)* avec souvent un jardin derrière et quelquefois devant.

Beaucoup d'Allemands rêvent d'avoir une maison à la campagne *(ein Haus im Grünen)*.

Remarquez :

Vorsicht ! bissiger Hund ! — Attention ! chien méchant !

Notez bien la différence entre :

nach Hause gehen, aller à la maison, rentrer ; et *zu Hause sein,* être à la maison, être chez soi.

Remarquez également :

an der Tür klingeln	sonner à la porte
an die Tür klopfen	frapper à la porte

Dans le dernier cas une idée de mouvement vers la porte est sous-entendue, d'où l'emploi de l'accusatif.

15
16
17
18
19
20
21
22
23
24
25
26
27
28
29

Die Wohnung 1 ◆ Le logement 1

die Wohnung(en)	le logement
wohnen	habiter
der Einwohner(-)	l'habitant
der Stock(werke)	l'étage
die Mietwohnung(en)	le logement en location
mieten	louer (prendre en location)
die Miete(n)	le loyer
der Mieter(-)	le locataire
vermieten	louer, donner en location
der Vermieter(-)	le propriétaire (qui donne en location)
der Hausbesitzer(-)	le propriétaire
der Hausmeister(-)	le gardien de l'immeuble
um/ziehen (zog-gezogen)*	déménager
der Umzug(¨-e)	le déménagement
der Möbelwagen(-)	le camion de déménagement
der Fahrstuhl(¨-e) der Aufzug(¨-e)	l'ascenseur
die Treppe(n) 12	l'escalier
die Küche(n)	la cuisine
das Zimmer(-)	la pièce, la chambre
das Wohnzimmer(-)	la salle de séjour
das Arbeitszimmer(-)	le bureau
das Eßzimmer(-)	la salle à manger
das Schlafzimmer(-)	la chambre à coucher
das Klo(s) *(fam)*, **das WC(s)**	les cabinets, les WC
die Toilette(n)	les toilettes
die Wand(¨-e)	le mur (de la pièce)
die Decke(n) 13	le plafond
der Boden(¨), **der Fußboden(¨)** 14	le sol, le plancher
der Flur(e)	le couloir, le palier

Pour indiquer à quel étage quelqu'un habite on dit : *Sie wohnt im 3. (dritten) Stock.* Elle habite au 3e étage.

Ne pas confondre *der Stock(werke)*, l'étage et *der Stock(¨-e)*, le bâton, la canne.

Sachez le sens des mots suivants :

das Appartment(s)	le studio
die 2/3/4-Zimmer-Wohnung	l'appartement de 2/3/4 pièces.

Die Wohnung 2 ◆ *Le logement 2*

die Möbel *(plur)*	les meubles
das Möbelstück	le meuble
möbliert	meublé
der Tisch(e)	la table
der Schreibtisch(e)	le bureau (le meuble)
der Stuhl(¨-e) 15	la chaise
der Sessel(-)	le fauteuil
die Couch(es)	le canapé-lit
das Sofa(s)	le canapé
das Kissen(-)	le coussin
der Teppich(e)	le tapis
der Teppichboden(¨-)	la moquette
der Schrank(¨-e)	l'armoire
das Regal(e)	l'étagère
die Schublade(n) 16	le tiroir
die Kommode(n)	la commode
das Bett(en) 17	le lit
das Federbett(en)	la couette, l'édredon
die Matratze(n)	le matelas
die Decke(n) 18	la couverture
das Kopfkissen(-)	l'oreiller
das Bettuch(¨-er), das Laken(-) 19	le drap
der Nachttisch(e)	la table de nuit
die Gardine(n)	le rideau (voilage)
der Vorhang(¨-e)	le rideau, le double-rideau
der Spiegel(-) 20	le miroir
das Waschbecken(-)	le lavabo
die Badewanne(n) 21	la baignoire
der Boiler(-)	le chauffe-eau
der Wasserhahn(¨-e) 22	le robinet
den Hahn auf/drehen	ouvrir le robinet
den Hahn ab/drehen	fermer le robinet
die Fensterscheibe(n)	la vitre, le carreau
ein/richten	installer, aménager
basteln	bricoler
die Tapete(n)	papier peint
tapezieren	tapisser
(un)gemütlich	(peu) agréable, (peu) confortable

Notez l'expression juridique piquante : *von Bett und Tisch getrennt*, séparés de corps et de biens.

Le sens du mot *gemütlich* est difficile à rendre en français : *Hier ist es gemütlich.* On se sent bien ici.

Licht und Heizung ◆ L'éclairage et le chauffage

das Licht(er)	la lumière
an/machen	allumer (lumière)
aus/machen	éteindre (lumière)
ein/schalten	allumer (électricité)
aus/schalten	éteindre (électricité)
die Elektrizität	l'électricité
elektrisch	électrique
der Strom(¨-e)	le courant électrique
den Strom ab/schalten	couper le courant
den Strom an/schalten	mettre le courant
die Lampe(n) 23	la lampe
die Stehlampe(n)	le lampadaire
die Hallogenlampe(n)	la lampe hallogène
die (Glüh)birne(n) 24	l'ampoule
die Steckdose(n) 25	la prise de courant
der Stecker(-) 26	la fiche
an/schließen(o-oss)	brancher
die Beleuchtung(en)	l'éclairage
die Sicherung(en)	le plomb, le fusible
die Panne(n)	la panne
die Taschenlampe(n)	la lampe de poche
die Batterie(n)	la pile
die Kerze(n)	la bougie
das Streichholz(¨-er)	l'allumette
die Flamme(n)	la flamme
heizen	chauffer
die Zentral heizung(en)	le chauffage central
der Heizkörper(-) 27	le radiateur
die Klimaanlage(n)	la climatisation
der Kamin(e)	la cheminée

On dit :
Das Zimmer ist gut/schlecht beheizt, la pièce est bien/mal chauffée.
Es ist schlecht beleuchtet hier, c'est mal éclairé ici.
Wir zünden eine Kerze an, nous allumons une bougie.
Die Sicherung ist durchgebrannt, les plombs ont sauté.

Küche und Haushaltsarbeiten ◆ *La cuisine et les travaux ménagers*

die Küche(n)	la cuisine
das Spülbecken(-)	l'évier
der Herd(e)	la cuisinière
der Backofen(¨)	le four
der Mikrowellenherd(e)	le four à micro-ondes
der Kühlschrank(¨e)	le réfrigérateur
die Tiefkühltruhe(n)	le congélateur
die Spülmaschine(n)	le lave-vaisselle
die Waschmaschine(n)	la machine à laver
der Wäschetrockner(-)	le sèche-linge
die Ausstattung(en)	l'équipement
das Elektrogerät(e)	l'appareil électrique
unter Garantie sein	être sous garantie
der Eimer(-)	le seau
putzen	nettoyer, faire le ménage
fegen	balayer
der Haushalt	le ménage
der Besen(-) 28	le balai
den Staub ab/wischen	essuyer la poussière
der Lappen(-)	le chiffon
der Staubsauger(-)	l'aspirateur
staubsaugen	passer l'aspirateur
auf/räumen	ranger
ab/räumen	enlever, débarrasser
das Geschirr(e)	la vaisselle, la batterie de cuisine
Geschirr spülen, ab/waschen(ä, u-a)	faire la vaisselle
ab/trocknen	essuyer
der Mülleimer(-), der Abfalleimer(-) 29	la poubelle
lüften	aérer
der Durchzug(¨e)	le courant d'air
das Bügeleisen(-)	le fer à repasser
bügeln(ich bügle)	repasser
das Bügelbrett(er)	la planche à repasser

Autour du mot *Haushalt* :
den Haushalt führen/machen, tenir la maison.
Attention ! Lorsqu'il s'agit de l'État, ce mot a le sens de « budget ».

Un proverbe :
Neue Besen kehren gut. Tout nouveau, tout beau.
(littéralement : les nouveaux balais balayent bien.)

8
3
4
7
1
6

Raum und Bewegung

8

Espace et mouvement

Raum und Lage ◆ Espace et situation

der Raum(¨-e)	l'espace
die Lage(n)	la situation, la position
sich befinden(a-u)	se trouver
liegen(a-e)	être, être situé ; être étendu
stehen (stand, gestanden)	être, se trouver ; être debout
die Lage(n)	la situation
Heidelberg hat eine schöne Lage	Heidelberg est bien situé
die Stelle(n)	la place, l'endroit, le lieu
wo ?	où ?
wir sind am Meer/ im Gebirge/ auf dem Land	nous sommes au bord de la mer/en montagne/à la campagne
der Raum(¨-e)	l'espace ; la pièce, la salle
die Mitte(n)	le milieu
in der Mitte	au milieu
die Seite(n)	le côté
auf der anderen Seite	de l'autre côté
der Platz(¨-e)	la place
weit(von)	loin (de)
nahe(bei)	près (de)
die Nähe	la proximité
in der Nähe der Schule	à proximité de l'école
das Ende(n)	la fin, l'extrémité
am anderen Ende der Stadt	à l'autre bout de la ville
leer	vide
voll	plein
der Rand(¨-er)	le bord, la marge
am Straßenrand	au bord de la route
rechts	à droite
links	à gauche
irgendwo	quelque part
überall	partout
nirgends	nulle part
draußen	dehors
drinnen, innen	dedans
oben	en haut
unten	en bas

Quelques exemples d'emploi :

liegen :
Köln liegt am Rhein. Cologne est situé sur le Rhin.
Er liegt im Bett. Il est au lit.

stehen :
Alle Plätze im Zug waren besetzt, so mußten wir stehen. Toutes les places dans le train étaient occupées donc nous avons dû rester debout.
Vor dem Haus steht ein Baum. Devant la maison il y a un arbre.
Das Buch steht auf dem Bücherbrett. Le livre se trouve sur l'étagère.

Expressions idiomatiques :
Dieses Kleid steht Ihnen gut. Cette robe vous va bien.
Die Sterne stehen am Himmel. Les étoiles sont dans le ciel.
Es stand gestern in der Zeitung. C'était dans le journal hier.
Diese Frau liegt mir nicht. Cette femme ne m'est pas sympathique.
Das liegt nicht an mir. Cela ne dépend pas de moi.

Bewegung und Richtung 1 ◆ *Mouvement et direction 1*

die Bewegung(en)	le mouvement
die Richtung(en)	la direction
sich bewegen	remuer, bouger
unbeweglich	immobile
gehen (ging-gegangen)*	aller
weg/gehen*	s'en aller
aus/gehen*	sortir
spazieren gehen*	se promener, aller se promener
der Spaziergang(¨e)	la promenade
schreiten(itt-itt)*	marcher (solennellement)
der Schritt(e)	le pas
sich setzen	s'asseoir
auf/stehen (stand-gestanden)*	se lever
fliegen(o-o)*	voler, prendre l'avion
stellen	poser (à la verticale)
rennen (rannte-gerannt)* laufen(äu, ie-au)* 1	courir
springen(a-u) 2	sauter

stehen bleiben(ie-ie)*	s'arrêter, s'immobiliser
folgen (+dat)*	suivre
wir sind ihm gefolgt	nous l'avons suivi
um/kehren*	rebrousser chemin
zurück	en arrière, de retour
zurück/kehren*, zurückkommen(a-o)*	rentrer
die Rückkehr	le retour
hin und zurück	aller et retour
zurück/stoßen(ie-o)	repousser
an/kommen(a-o)	arriver
die Ankunft(¨e)	l'arrivée
die Abfahrt(en)	le départ
fahren(ä, u-a)*	aller (avec un véhicule)
langsam	lent
schnell	vite
hinauf, herauf	vers le haut
hinunter, herunter	vers le bas
wohin ?	où (direction)
wir fahren ans Meer/ ins Gebirge/ auf das Land	nous allons au bord de la mer/à la montagne/à la campagne

Laufen signifie souvent « marcher » : *Das Kind kann noch nicht laufen.* L'enfant ne sait pas encore marcher.

Remarquez : *Er ist noch nicht zurück.* Il n'est pas encore rentré.

Remarquez l'emploi des particules *hin* et *her :*
hin signifie un éloignement par rapport à la personne qui parle : *Wo gehst du hin ? = Wohin gehst du ?* Où vas-tu ? *Setzen wir uns hin ! =* Asseyons-nous là. Par contre, *her* exprime un rapprochement par rapport à la personne qui parle : *Wo kommst du her ? = Woher kommst du ?* D'où viens-tu ? *Komm her !* Viens là !

Notez : l'association des particules *hin, hinauf,* etc., avec le verbe *gehen,* et celle des particules *her, herauf,* etc., avec le verbe *kommen :*
Er geht die Treppe hinauf. Il monte l'escalier.
Er kam die Treppe herauf. Il monta l'escalier.
Dans le premier cas la personne qui parle est en bas, dans le deuxième elle est en haut.

Bewegung und Richtung 2 ◆ *Mouvement et direction 2*

schlafen gehen(i-a)*	aller se coucher
sich beeilen	se dépêcher
fliehen(o-o)*	se sauver, fuir
die Flucht	la fuite
knien	s'agenouiller
sich auf/richten	se redresser
stürzen*	tomber (violemment), faire une chute
treten(i, a-e)*	sens strict : faire un (des) pas
überqueren	traverser
ab/biegen(o-o)*	tourner
sich hinaus/lehnen	se pencher en dehors
klettern* 3	grimper
fallen(ä, ie-a)* 4	tomber
sich(hin)/legen	s'allonger
erscheinen(ie-ie)*	apparaître
verschwinden(a-u)*	disparaître
sich um/drehen	se retourner
sich nähern (+dat)	s'approcher
rutschen*	glisser, patiner
aus/rutschen* 5	glisser (accidentellement)
stolpern* 6	trébucher
sich entfernen	s'éloigner
das Gleichgewicht	l'équilibre
das Gleichgewicht verlieren (o-o) 7	perdre l'équilibre
schaukeln 8	(se) balancer

On dit :
die Straße überqueren, traverser la rue ;
nach links/nach rechts abbiegen, tourner à gauche/à droite.
Bitte, treten Sie näher. Approchez, s'il vous plaît.
Er trat ins Zimmer. Il pénétra dans la pièce.

Quelques expressions :
die Flucht ergreifen(iff-iff), prendre la fuite ;
sich zum Fenster hinauslehnen, se pencher par la fenêtre.
Nicht hinauslehnen ! Ne pas se pencher au-dehors !

Un exemple avec *ausrutschen* : *Ich bin auf dem Glatteis ausgerutscht.*

Handlungen ◆ Actions

die Handlung(en)	l'action
die Geste(n)	le geste, le mouvement
greifen(iff-iff)	tendre la main vers, saisir
packen	attraper, saisir
drücken	presser, appuyer, pousser
ziehen(zog-gezogen)	tirer
schütteln	secouer
geben(i, a-e)	donner
schenken	offrir
bringen(brachte-gebracht) 9	apporter
tragen(ä, u-a)	porter
legen	poser (à l'horizontale)
führen	guider, mener, conduire
auf/räumen	ranger
kleben	coller
heraus/reißen(i-iss)	arracher
werfen(i, a-o)	lancer
lassen(ä, ie-a)	laisser
heben(o-o)	lever
auf/heben(o-o)	ramasser
schicken	envoyer
holen	aller chercher
um/drehen	tourner
stecken	mettre, introduire
gewandt, geschickt	adroit, habile
ungeschickt	maladroit
steif	raide, rigide
gelenkig	souple
stellen	placer, mettre
um/stellen	déplacer, changer de place
rücken	pousser, déplacer
weg/rücken	écarter, éloigner
schieben(o-o)	pousser

Sur une porte on lit souvent : *Drücken* (Poussez) ou *Ziehen* (Tirez).

Quelques emplois :
Er drückte auf den Knopf. Il appuya sur (il pressa) le bouton.
den Wagen schieben, pousser la voiture ;
ein Möbelstück weg/rücken, déplacer un meuble.
Bitte, rücken Sie etwas nach rechts ! S'il vous plaît, poussez-vous vers la droite.
Er steckte die Hand in seine Tasche. Il mit la main dans la poche.
Sie steckt den Schlüssel ins Schloß. Elle introduit la clef dans la serrure.
Er griff nach der Zeitung. Il prit le journal.
Er packte ihn am Arm. Il l'attrapa par le bras.

Opposition directif – locatif

• OPPOSITION EXPRIMÉE PAR LA PRÉPOSITION

	Directif → **Er fährt...**	Locatif → **Sie wohnt...**
Noms de villes et de pays (pays sans article)	**nach Berlin** **nach Deutschland**	**in Berlin** **in Deutschland**
Noms de personnes (noms propres, prénoms, commerçants)	**zu Thomas** **zum Fleischer**	**bei Thomas** **beim Fleischer**
Une expression idiomatique (à la maison)	**nach Hause**	**zu Hause**

• OPPOSITION EXPRIMÉE PAR LE CAS

Directif = accusatif	Locatif = datif
ins Büro	**im Büro**
ans Fenster	**am Fenster**
auf den Tisch	**auf dem Tisch**
über die Straße	**über der Straße**
unter den Schrank	**unter dem Schrank**
vor das Haus	**vor dem Haus**
hinter den Baum	**hinter dem Baum**
neben ihn	**neben ihm**
zwischen dich und mich	**zwischen dir und mir**

Ces 9 prépositions sont donc suivis soit de l'accusatif, soit du datif.

Quelques autres expressions spatiales :
Er geht durch den Park. Il traverse le parc.
Er fährt gegen den Baum. Il rentre dans l'arbre.
Er läuft um das Haus. Il court autour de la maison.
Er kommt aus/von Düsseldorf. Il arrive de Dusseldorf.

Die Zeit

9

Le temps

Jahr und Monat ◆ *L'année et le mois*

die Zeit(en)	le temps
ich habe Zeit	j'ai le temps
das Jahr(e)	l'année
im Jahre 2001 ou **2001**	en 2001
letztes/nächstes Jahr	l'année dernière/ prochaine
jährlich	annuel
das Schaltjahr(e)	l'année bissextile
das Jahrhundert(e)	le siècle
die Jahreszeit(en)	la saison
der Frühling, das Frühjahr	le printemps
im Frühling	au printemps
der Sommer	l'été
der Herbst	l'automne
der Winter	l'hiver
der Kalender(-) 1	le calendrier
das Halbjahr(e)	le semestre
das Vierteljahr(e)	le trimestre
ein zweijähriges Kind	un enfant de deux ans
der Monat(e)	le mois
monatlich	mensuel
Januar	janvier
Februar	février
März	mars
April	avril
Mai	mai
Juni	juin
Juli	juillet
August	août
September	septembre
Oktober	octobre
November	novembre
Dezember	décembre
das Datum(-ten) 2	la date

Pour demander quel jour nous sommes : *Welchen Tag haben wir heute ?* ou *Den wievielten haben wir heute ?*
Réponse : *Heute haben wir den 12. März.* Nous sommes le 12 mars.

Pour indiquer la date à laquelle un événement a eu lieu :
Die Mauer wurde am 9. November 1989 geöffnet. Le mur a été ouvert le 9 novembre 1989.

Attention à l'emploi de l'article défini dans : im Winter, im Sommer, im Herbst, im Frühling.

Woche, Tageszeiten und Uhrzeit ◆ *La semaine, le jour et l'heure*

die Woche(n)	la semaine
das Wochenende(n)	le week-end
der Tag(e)	le jour
täglich	quotidien(nement)
Montag	lundi
Dienstag	mardi
Mittwoch	mercredi
Donnerstag	jeudi
Freitag	vendredi
Samstag, Sonnabend	samedi
Sonntag	dimanche
heute	aujourd'hui
gestern	hier
vorgestern	avant-hier
morgen	demain
übermorgen	après-demain
der Morgen(-)	le matin
die Nacht(¨-e) 3	la nuit
der Nachmittag(e)	l'après-midi
der Vormittag(e)	la matinée
heute nachmittag	cet après-midi
morgen früh	demain matin
die Stunde(n)	l'heure (la durée)
die Minute(n)	la minute
die Sekunde(n)	la seconde
die Uhr(en)	l'heure (qu'il est) ; la montre
wieviel Uhr ist es ? wie spät ist es ?	quelle heure est-il ?
es ist zwei Uhr	il est deux heures
es ist halb zwei	il est une heure et demie
um wieviel Uhr... ?	à quelle heure... ?
um zwölf (Uhr)	à midi
um zwölf Uhr nachts, um Mitternacht 4	à minuit
die Viertelstunde(n)	le quart d'heure
eine Dreiviertelstunde(n)	trois quarts d'heure

Ne pas confondre : *morgen* (demain) et *der Morgen* (le matin).

Remarquez la différence entre *die Uhr* et *die Stunde* :
Um wieviel Uhr fängt dieser Film an und wie lange dauert er ? À quelle heure commence ce film et combien de temps dure-t-il ?
Réponse : *Er fängt um zwei Uhr an und dauert zwei Stunden.* Il commence à deux heures et dure deux heures.

Die Uhr signifie aussi la « montre », mais selon le contexte il peut également s'agir de l'horloge *(die Turmuhr)* ou de la pendule *(die Wanduhr)*.
On dit : *Meine Uhr geht vor/nach.* Ma montre avance/retarde. *Meine Uhr steht.* Ma montre est arrêtée. *Es ist Punkt zwei.* Il est deux heures précises.

Notez ces trois façons de dire la même heure :
Es ist fünf nach halb drei.
Es ist fünfundzwanzig vor drei. Il est trois heures moins 25.
Es ist zwei/vierzehn Uhr fünfunddreißig. Il est quatorze heures 35.
Notez aussi :
Es ist Viertel vor/nach drei. Il est trois heures moins le quart/trois heures un quart.

Die Feste ◆ Les fêtes

das Fest(e), die Feier(n)	la fête
feiern	fêter
feierlich	solennel
festlich	de fête
der Geburtstag(e)	l'anniversaire (de naissance)
gratulieren	féliciter
wünschen	souhaiter
der Wunsch(¨e)	le souhait
der Namenstag(e)	la fête (de quelqu'un)
der Jahrestag(e)	l'anniversaire (d'un événement)
das Oktoberfest(e)	la fête de la bière (à Munich)
der Nationalfeiertag(e)	la fête nationale
das Volksfest(e)	la fête populaire
das Kirchenfest(e)	la fête religieuse
Weihnachten	Noël
der Silvesterabend	la Saint-Sylvestre
das Neujahr	le Nouvel An
Heilige drei Könige	la fête des Rois
der Karneval(e), der Fasching(e/s)	le Carnaval
der Rosenmontag	la veille du Mardi gras
die Fastnacht	le Mardi gras
der Aschermittwoch	le mercredi des Cendres
der Palmsonntag	le dimanche des Rameaux
die Karwoche	la semaine sainte
der Karfreitag	le vendredi Saint
Ostern	Pâques
Pfingsten	Pentecôte
der Muttertag	la fête des Mères
Christi Himmelfahrt	l'Ascension
Allerheiligen	la Toussaint

On dit : *Ich gratuliere dir zum Geburtstag.* Je te souhaite un bon anniversaire.

Weihnachten, Ostern, Pfingsten sont d'anciens pluriels. Avec un adjectif on les emploie au pluriel : *frohe Weihnachten, fröhliche Weihnachten* (Joyeux Noël).
Seuls, ils sont employés au singulier : *Weihnachten fällt auf einen Montag.*

Notez : *das Weihnachtsessen,* le réveillon.

On dit : *zu Weihnachten, zu Ostern, zu Neujahr* (à Noël, à Pâques, au Nouvel An).

En Allemagne « le lièvre de Pâques » *(der Osterhase)* apporte les œufs de Pâques *(die Ostereier).*

Zeit / *Le temps*
Allgemeine Begriffe ◆ *Termes généraux*

der Anfang(¨-e), der Beginn(e)	le commencement
das Ende(n), der Schluß(¨-e)	la fin
schließlich	finalement
das erste Mal	la première fois
manchmal, gelegentlich	parfois
häufig	fréquemment
oft	souvent
wie oft ?	combien de fois, tous les combien ?
immer	toujours
ständig	constamment
pausenlos	sans arrêt
ununterbrochen	permanent, sans interruption
regelmäßig	régulièrement
schon lange	depuis longtemps
ewig	éternellement
die Ewigkeit	l'éternité
nie, niemals	jamais, ne... jamais
die Dauer	la durée
dauern	durer
Wie lange	combien de temps
stundenlang	pendant des heures
vergehen	passer, s'écouler
zu meiner Zeit	de mon temps
die Vergangenheit	le passé
die Gegenwart	le présent
die Zukunft	le futur
damals, früher	autrefois, jadis
eben, gerade	juste, à l'instant même
der Augenblick(e), der Moment(e)	l'instant, le moment
augenblicklich	momentanément
wann	quand
jetzt	maintenant
dann	ensuite
früh	tôt
spät	tard
frühestens	au plus tôt
spätestens	au plus tard
bald	bientôt
gleich, sofort	de suite, à l'instant
vorher	avant
nachher	après
bis bald	à bientôt
bis nachher	à tout à l'heure
schon	déjà
von nun an	à partir de maintenant
nach und nach, allmählich	peu à peu
darauf	après
kurz darauf	peu après
inzwischen	entre temps
pünktlich	ponctuel, à l'heure
rechtzeitig	à temps

Remarquez ces locutions :
am Anfang ou *anfangs* ou *zu Beginn,* au début ;
zum ersten Mal, zum letzten Mal, pour la première/dernière fois.
Es hat stundenlang gedauert. Cela a duré des heures et des heures. On dit également : *monatelang, jahrelang.*

Un proverbe :
Besser spät als nie. Mieux vaut tard que jamais.

NORDEN
WESTEN
OSTEN
SÜDEN
17
6
11
9
8
10
13
14

Die Natur

10

La nature

Himmel und Erde ◆ *Le ciel et la terre*

der Himmel(-)	le ciel
die Erde	la terre
die Welt(en)	le monde
das Weltall, der Kosmos	l'univers, le cosmos
der Weltraum	l'espace (cosmique)
das Gestirn(e)	l'astre
der Stern(e)	l'étoile
der Planet(en-en)	la planète
die Sonne 1	le soleil
(un)sichtbar	(in)visible
die Sonne scheint (ie-ie)	il fait du soleil
sonnig	ensoleillé
die Sonne geht auf (ging-gegangen)*	le soleil se lève
der Sonnen-aufgang(¨-e)	le lever du soleil
die Sonne geht unter*	le soleil se couche
der Sonnen-untergang(¨-e)	le coucher du soleil
der Mond	la lune
die Erde	la terre
der Norden	le nord

im Norden	au nord
der Süden	le sud
der Westen	l'ouest
der Osten	l'est
nördlich	septentrional
südlich	méridional
westlich	occidental
östlich	oriental
Nordfrankreich	le Nord de la France
Süddeutschland	le Sud de l'Allemagne
der Nordpol	le pôle Nord
der Südpol	le pôle Sud
der Polarkreis	le cercle polaire
der Äquator	l'équateur
der Horizont	l'horizon
die Astrophysik	l'astrophysique
die Astronomie	l'astronomie
der Astronom(en)	l'astronome
das Teleskop(e)	le télescope
die Sonnen-finsternis(se)	l'éclipse solaire
die Mondfinsternis(se)	l'éclipse lunaire

Quelques expressions :
nach den Sternen greifen, avoir de hautes visées ;
unter einem glücklichen Stern geboren sein, être né sous une bonne étoile.

Remarquez :
in der Sonne sitzen, être assis au soleil ;
in glühender Sonne, sous un soleil écrasant ;
bei Sonnenaufgang, bei Sonnenuntergang, au lever du soleil, au coucher du soleil.

On dit :
Es ist Vollmond. C'est la pleine lune.
Es ist Neumond. C'est la nouvelle lune.

Geologische Formationen ◆ Formations géologiques

das Land	la terre (opposé à la mer), la campagne
das Bodenprofil(e)	le relief
die Ebene(n)	la plaine
die Hochebene(n)	le plateau
flach	plat
der Hügel(-) 2	la colline
der Berg(e) 3	la montagne
das Gebirge	les monts, la montagne
bergig	montagneux
der Gipfel(-) 4	le sommet
der (Berg)kamm(¨-e) 5	la crête
sich erheben(o-o)	s'élever
der Gletscher(-)	le glacier
der Abhang(¨-e)	le versant, la pente
das Tal(¨-er)	la vallée
die Höhe(n)	la hauteur, l'altitude
der Vulkan(e) 6	le volcan
die Lava(-ven)	la lave
der Ausbruch(¨-er)	l'éruption
der Paß(¨-sse)	le col
die Düne(n)	la dune
niedrig	bas
hoch	élevé
das Becken(-)	le bassin
die Schlucht(en)	la gorge
die Grotte(n) 7	la grotte
der Fels(en-en), der Felsen(-)	le rocher
die Wüste(n)	le désert
der Sand(e)	le sable

On dit :
aufs Land fahren, aller à la campagne ;
ins Gebirge fahren ou *in die Berge fahren,* aller à la montagne ;
in der Höhe sein, être en altitude.
Die Preise gehen in die Höhe. Les prix grimpent.
Wir sind über den Berg. Nous avons fait le plus difficile.

Wasser und Meer ◆ *L'eau et la mer*

das Wasser(-)	l'eau
das Trinkwasser(-)	l'eau potable
fließen(o-oss)	couler
flüssig	liquide
die See(n), das Meer(e) 8	la mer
die Ostsee	la Baltique
die Nordsee	la mer du Nord
das Mittelmeer	la Méditerranée
der Ozean(e)	l'océan
der Atlantik	l'Atlantique
die Bucht(en)	le golfe
die Insel(n)	l'île
die Halbinsel(n)	la presqu'île, la péninsule
die Küste(n)	la côte
das Küstengebiet(e)	le littoral
der Strand(¨-e) 9	la plage
die Welle(n) 10	la vague
bewegt	agité
die Ebbe(n)	la marée basse
die Flut(en)	la marée haute
der Hafen(¨-)	le port
das Kap(s) 11	le cap
die Quelle(n)	la source
der Bach(¨-e) 12	le ruisseau
der Wasserfall(¨-e)	la cascade, la chûte d'eau
der Fluß(¨-sse)	la rivière, le fleuve
das Ufer(-) 13	la rive
der Strom(¨-e)	le (grand) fleuve ; le courant
der See(n)	le lac
der Kanal(¨-e)	le canal
schiffbar	navigable
die Schleuse(n)	l'écluse
die Brücke(n)	le pont
das Moor(e)	le marais

Remarquez :

das Salzwasser	l'eau salée
das Süßwasser	l'eau douce
kein Trinkwasser	eau non potable
fließendes Wasser	eau courante

Er wäscht sich mit kaltem Wasser. Il se lave à l'eau froide.

Quelques locutions :
Bis dahin fließt noch viel Wasser ins Meer. D'ici là, il passera beaucoup d'eau sous le pont.

On dit :
an den Strand gehen, aller à la plage.
Remarquez : *das Kap der Guten Hoffnung,* le Cap de Bonne Espérance.

Proverbe :
Stille Wasser sind tief. Il n'est pire eau que l'eau qui dort.

Mineralische Stoffe und Metalle ◆ *Matières minérales et métaux*

das Erz(e)	le minerai
das Mineral(e/ien)	le minéral
der Stein(e)	la pierre
der Edelstein(e)	la pierre précieuse
steinig	pierreux, rocailleux
das Gestein(e) 14	la roche
der Sand(e)	le sable
der Felsen(-)	le rocher
der Kristall(e)	le cristal
der Marmor(e)	le marbre
die Kreide(n)	la craie
der Ton(e)	l'argile, la glaise
der Gips(e)	le plâtre, le gypse
die Kohle(n)	le charbon
das Bergwerk(e)	la mine
der Bergmann(-leute)	le mineur
der Bergbau	l'exploitation minière
fördern, gewinnen(a-o)	extraire
das (Erd)öl(e)	le pétrole
die (Erd)ölbohrung(en)	le puits de pétrole
die Erdölraffinerie(en)	la raffinerie de pétrole
das Metall(e)	le métal
das Edelmetall(e)	le métal précieux
metallisch	métallique
das Silber	l'argent
silbern	d'argent, en argent
das Gold	l'or
golden	d'or, en or
das Eisen	le fer
eisern	de fer, en fer
das Eisenerz(e)	le minerai de fer
das Zinn	l'étain
das Blei	le plomb
bleiern	en plomb, de plomb
die Bronze	le bronze

Notez :
der Goldbarren, le lingot d'or ;
das Goldstück(e), la pièce d'or.

On dit : *die silberne Hochzeit, die goldene Hochzeit,* les noces d'argent, les noces d'or ;
et aussi : *die goldene Mitte,* le juste milieu.

On trouve le mot *bleiern* au sens figuré dans le titre du film de Margaretha von Trotta *Die bleierne Zeit* (Les années de plomb, 1981).

Klima und Wetter 1 ◆ *Le climat et le temps 1*

das Klima(te/s)	le climat
das Wetter	le temps (qu'il fait)
der Wetterbericht(e)	le bulletin météorologique
die Wetter-vorhersage(-n)	les prévisions météorologiques
vorher/sagen	prédir ; prévoir (temps)
sich verbessern	s'améliorer
sich verschlechtern	se détériorer
sich ändern	changer
der Wetterwechsel(-)	le changement de temps
die Temperatur(en)	la température
die Höchst-temperatur(en)	la température maximale
die Tiefst-temperatur(en)	la température minimale
das Barometer(-)	le baromètre
das Thermometer(-) 15	le thermomètre
der Grad(e)	le degré
die Kälte	le froid
die Wärme	la chaleur
mir ist kalt/warm	j'ai chaud/froid
die Hitze	la (forte) chaleur
die Hitzewelle(n)	la vague de chaleur
heiß	très chaud
die Trockenheit, die Dürre	la sécheresse
trocken, dürr	sec, desséché
naß	mouillé, humide
heiter	serein
hell	clair
dunkel	sombre
die Sonne	le soleil
in der Sonne	au soleil
der Sonnenstrahl(en)	le rayon de soleil
sonnig	ensoleillé
der Schatten(-) 16	l'ombre
im Schatten	à l'ombre

On dit :

Wie ist das Wetter ?	Quel temps fait-il ?
Es ist warm/mild/kalt.	Il fait chaud/doux/froid.
Es ist kühl ou *frisch.*	Il fait frais.
Es ist schönes/schlechtes Wetter.	Il fait beau/mauvais temps.
Bei diesem Wetter.	Par ce temps.
Es ist minus 5 Grad, wir haben 5 Grad Kälte.	Il fait moins 5.

Au bulletin météorologique vous entendrez : *die Wetterlage* (le temps aujourd'hui), ensuite : *die Vorhersage* (les prévisions) et enfin : *die weiteren Aussichten* (les prévisions à plus long terme).

Notez : *eine Hundekälte,* un froid de canard ; *die Hundstage* (pl.), la canicule.

En Allemagne, on estime qu'à partir de 28° à l'ombre, il fait trop chaud pour pouvoir travailler à l'école et on donne congé aux élèves : *Die Schüler bekommen hitzefrei.*

Klima und Wetter 2 ◆ Le climat et le temps 2

der Nebel(-)	le brouillard
nebelig	brumeux
die Wolke(n) 17	le nuage
wolkig, bewölkt	nuageux
der Regen(-)	la pluie
regnerisch	pluvieux
es regnet	il pleut
der Regenbogen(¨-)	l'arc-en-ciel
der (Regen)schauer(-)	l'averse
der Tropfen(-)	la goutte
die Überschwemmung(en)	l'inondation
naß	mouillé
durchnäßt sein	être trempé
die Pfütze	la flaque d'eau
der Wind(e)	le vent
windig	venteux
blasen(ä, ie-a)	souffler
es kommt Wind auf	le vent se lève
das Unwetter, der Sturm(¨-e)	la tempête
stürmisch	orageux
das Gewitter(-)	l'orage
der Blitz(e)	l'éclair, la foudre
der Donner(-)	le tonnerre
schwül	lourd
feucht	humide
der Hagel	la grêle
es hagelt	il grêle
der Schnee	la neige
schneien	neiger
die Schneeflocke(n)	le flocon (de neige)
der Schneeball(¨-e)	la boule de neige
die Lawine(n)	l'avalanche
der Frost(¨-e)	la gelée, le froid
der (Rauh)reif	le givre
das Eis	la glace
das Glatteis	le verglas
frieren(o-o)	geler
das Tauwetter	le dégel
schmelzen(i, o-o)	fondre
das Erdbeben(-)	le tremblement de terre
die Erde bebt	la terre tremble

On dit :
Der Blitz hat in einen Baum eingeschlagen. La foudre est tombée sur un arbre.
Et aussi, sans préciser où la foudre est tombée :
Der Blitz hat eingeschlagen. La foudre est tombée.

Remarquez les expressions suivantes :
Ich bin naß bis auf die Haut. Je suis mouillé jusqu'aux os.
Auf Regen folgt Sonnenschein. Après la pluie le beau temps.

3
4
2
5
1

Pflanzen

11

Les plantes

Bäume ◆ Les arbres

der Baum(¨e)	l'arbre
der Laubbaum(¨e)	l'arbre à feuilles caduques
der Nadelbaum(¨e)	le conifère
die Wurzel(n) 1	la racine
der Stamm(¨e) 2	le tronc
die Rinde(n)	l'écorce
der Ast(¨e) 3	la branche (maîtresse)
der Zweig(e)	la branche, le rameau, la brindille
das Blatt(¨er) 4	la feuille
das Laub	le feuillage, les feuilles
die Knospe(n)	le bourgeon
die Blüte(n)	la fleur (des arbres), la floraison
in Blüte stehen (stand-gestanden)	être en fleur(s)
der Wald(¨er) 5	la forêt
der Ahorn(e)	l'érable
die Birke(n) 6	le bouleau
die Buche(n)	le hêtre
die Eibe(n)	l'if
die Eiche(n)	le chêne
der Kastanienbaum(¨e)	le châtaignier
die Kiefer(n)	le pin
die Linde(n)	le tilleul
die Palme(n)	le palmier
die Pappel(n)	le peuplier
die Platane(n)	le platane
die Tanne(n) 7	le sapin
die Trauerweide(n)	le saule-pleureur
die Ulme(n)	l'orme
der Obstbaum(¨e)	l'arbre fruitier
der Apfelbaum(¨e)	le pommier
der Aprikosenbaum(¨e)	l'abricotier
der Birnbaum(¨e)	le poirier
der Kirschbaum(¨e)	le cerisier
der Nußbaum(¨e)	le noyer
der Orangenbaum(¨e)	l'oranger
der Pflaumenbaum(¨e)	le prunier
der Zitronenbaum(¨e)	le citronnier

L'Allemagne est un pays très boisé, environ un tiers de sa superficie est couvert de forêts. Cependant, aujourd'hui beaucoup d'arbres sont malades : presque tous les sapins, deux tiers des pins et la moitié des épicéas. Ceci est dû essentiellement aux industries, aux gaz d'échappement qui polluent l'air, les produits toxiques étant ensuite entraînés dans le sol par les pluies. Dans le cadre de diverses mesures prises par le gouvernement, les voitures mises en circulation doivent être équipées d'un pot catalytique *(Katalysator)*.

Le ministère de l'Intérieur a fait diffuser des auto-collants représentant un sapin personnifié et souriant qui déclare :
Ich bin für bleifrei ! Je suis pour le sans-plomb.

On peut lire sur des affiches ou des auto-collants : *umweltfreundlich* (non-polluant, biodégradable). Voir aussi le chapitre *Aktuelle Themen*.

Pflanzen und Blumen ◆ *Les plantes et les fleurs*

die Pflanze(n)	la plante
wachsen(ä, u-a)*	pousser
das Grüne	le vert, la verdure
das Gras(¨er) 8	l'herbe
die Wiese(n)	le pré
der Rasen(-)	le gazon
das Unkraut	les mauvaises herbes
das Heidekraut	la bruyère
der Farn(e)	la fougère
der Klee	le trèfle
der Efeu	le lière
der Pilz(e)	le champignon
die Beere(n)	la baie
die Blume(n)	la fleur
blühen	fleurir
der Stengel(-) 9	la tige
der Strauß(¨e)	le bouquet
duften	embaumer
verwelken	se fâner
verwelkt	fâné
die Butterblume(n)	le bouton d'or
das Edelweiß(e)	l'edelweiss
der Flieder(-)	le lilas
das Gänseblümchen(-)	la pâquerette
die Geranie(n) 10	le géranium
die Kornblume(n)	le bleuet
die Lilie(n) 11	le lis
das Maiglöckchen(-)	le muguet
die Mohnblume(n)	le coquelicot
die Nelke(n) 12	l'œillet
die Osterglocke(n)	la jonquille
die Rose(n) 13	la rose
das Schneeglöckchen(-)	le perce-neige
die Tulpe(n)	la tulipe
das Veilchen(-)	la violette
das Vergißmeinnicht(e)	le myosotis

Remarquez ces expressions et proverbes :

Keine Rose ohne Dornen. Pas de roses sans épines.
Er ist auf keinen grünen Zweig gekommen. Il n'a pas fait fortune.
Er spricht durch die Blume. Il parle à mots couverts.

11
19
25
10
22
23
18

Gemüse und Früchte

12

Légumes et fruits

Gemüse ◆ *Les légumes*

das Gemüse(-)	le(s) légume(s)
das Frühgemüse(-)	les primeurs
chemisch behandelt	traité (chimiquement)
biologisch gezogen	non traité
der Salat(e)	la salade
die Endivie(n)	la frisée
der Kopfsalat(e) 1	la laitue
die Chicorée	l'endive
der Spinat	les épinards
die Kartoffel(n) 2	la pomme de terre
die Möhre(n), die Karotte(n) 3	la carotte
die weiße Rübe(n)	le navet
die rote Beete *(plur)*	la betterave
der Kohl(-köpfe)	le chou
der Blumenkohl 4	le chou-fleur
der Weißkohl 5	le chou (blanc)
der Rotkohl	le chou rouge
der Rosenkohl	le chou de Bruxelles
der Kohlrabi(s)	le chou-rave
der Wirsing(e)	le chou frisé
die Tomate(n) 6	la tomate
der Lauch(e), der Porree(s) 7	le poireau
der(ou **die) Sellerie(s)**	le céleri
das Radieschen(-) 8	le radis
der Rettich(e)	le radis noir, le raifort
die Gurke(n) 9	le concombre
die Zucchini(-)	la courgette
der Spargel *(coll.)*	les asperges
die Erbse(n) 10	le petit pois
die Bohne(n) 11	le haricot
die Paprikaschote(n) 12	le poivron
die Linse(n)	la lentille
die Zwiebel(n) 13	l'oignon
der Knoblauch 14	l'ail
der Pilz(e)	le champignon
der Champignon(s)	le champignon de Paris

En Allemagne, on vous servira souvent avec le plat principal une petite assiette de salade verte ou de salade composée (concombres, tomates...).

Si vous allez au marché vous verrez les prix des légumes affichés par livre *(das Pfund) : Tomaten Pf.3.*[50] (tomates 3,50 Mark le 1/2 kilo).

Notez :

Die Bohnenstange est une rame de haricots, mais ce mot s'utilise familièrement pour signifier « une grande perche ».

Linse a, comme le français « lentille », aussi un sens optique.

Der Zwiebelturm est le clocher à bulbe.

Essiggurken sont des cornichons au vinaigre.

Une expression familière :

Das macht den Kohl nicht fett. Ça ne met pas de beurre dans les épinards.

Früchte und Feldfrüchte ◆ *Fruits et produits agricoles*

das Obst *(coll)*	les fruits (de table)
die Frucht(-̈e)	le fruit (en général)
der Apfel(-̈) 15	la pomme
die Birne(n) 16	la poire
die Pflaume(n) 17	la prune
die Zwetschge(n)	la quetsche
die Nektarine(n)	la nectarine
die Kirsche(n) 18	la cerise
die Erdbeere(n) 19	la fraise
die Himbeere(n) 20	la framboise
die Johannisbeere(n)	la groseille
die schwarze Johannisbeere(n)	le cassis
die Brombeere(n)	la mûre
die Blaubeere(n)	la myrtille
der Pfirsich(e) 21	la pêche
die Aprikose(n)	l'abricot
die (Wein)traube(n)	le raisin
die Apfelsine(n), die Orange(n) 22	l'orange
die Pampelmuse(n)	le pamplemousse
die Zitrone(n) 23	le citron
die Ananas(se)	l'ananas

die Banane(n)	la banane
die Melone(n) 24	le melon
die Feige(n)	la figue
die Olive(n)	l'olive
die Nuß(-̈sse) 25	la noix
die Mandel(n)	l'amande
die Kastanie(n)	la châtaigne
die Avocado(s)	l'avocat
der Stein(e) 26	le noyau
der Kern(-e)	le pépin
kernlos	sans pépins
(un)reif	(non) mûr
sauer	acide
das Getreide(-)	les céréales, le blé
der Reis	le riz
der Mais	le maïs
der Roggen	le seigle
die Gerste	l'orge
der Hafer	l'avoine
der Weizen, das Korn	le blé, le froment
die Zuckerrübe(n)	la betterave à sucre

Notez bien la différence entre : *das Obst,* un terme collectif, et *die Frucht,* le fruit.

On dit : *der Obstbau* l'arboriculture fruitière ; *der Obstbaum,* l'arbre fruitier ; *die Obsternte,* la récolte des fruits ; *der Obstsalat,* la salade de fruits, *das Tafelobst,* les fruits de dessert.

Der Obst- und Gemüsehändler est le marchand de fruits et légumes.

Notez : *das Trockenobst,* les fruits secs.

Le mot *Frucht* se retrouve dans un grand nombre de mots composés : *fruchtlos,* infructueux, inefficace, sans effet ; *fruchtbar,* fertile, fécond...

Notez la locution :
in den saueren Apfel beißen, avaler la pilule.
et le proverbe :
Der Apfel fällt nicht weit vom Stamm.
Tel arbre, tel fruit ; tel père, tel fils.

16
11
21
14
4
18
8
7
3
19
26
9
1
23
10

Tiere

13

Les animaux

Haustiere - Tiere auf dem Bauernhof ◆ *Les animaux domestiques*

das Tier(e)	l'animal
das Haustier(e)	l'animal domestique
füttern	nourrir
der Hund(e)	le chien
bellen	aboyer
die Katze(n)	le chat
miauen	miauler
die Pfote(n) 1	la patte
der Kanarienvogel(¨)	le canari
singen(a-u)	chanter
das Meer-schweinchen(-)	le cochon d'Inde
der Hamster(-)	l'hamster
die Schildkröte(n)	la tortue
der Goldfisch(e)	le poisson rouge
das Vieh	le bétail
züchten	élever
die Viehzucht	l'élevage
der Viehzüchter(-)	l'éleveur
die Herde(n)	le troupeau
das Horn(¨er) 2	la corne
der Schwanz(¨e) 3	la queue
die Kuh(¨e)	la vache
der Ochse(n)	le bœuf
der Stier(e)	le taureau
das Kalb(¨er)	le veau
das Pferd(e) 4	le cheval
das Schaf(e)	le mouton
das Lamm(¨er)	l'agneau
die Ziege(n) 5	la chèvre
das Schwein(e)	le cochon
das Kaninchen(-)	le lapin
das Geflügel(-)	la volaille
die Ente(n) 6	le canard
die Gans(¨e)	l'oie
der Truthahn(¨e)	le dindon
das Huhn(¨er)	la poule
Eier legen	pondre
der Hahn(¨e)	le coq
das Küken(-)	le poussin
zahm	apprivoisé
furchtsam	craintif
treu	fidèle

Notez les expressions ou proverbes suivants :

Er ist dumm wie ein Schaf.	Il est bête à manger du foin.
Das schwarze Schaf.	La brebis galeuse.
Er ist fromm wie ein Lamm.	Il est doux comme un agneau.
Er hat Schwein (fam).	Il a de la chance.
Sie sind wie Hund und Katze.	Ils sont comme chien et chat.
Bekannt sein wie ein bunter Hund.	Être connu comme le loup blanc.

Wilde Tiere ◆ Les animaux sauvages

das Wild	le gibier
das Reh(e)	le chevreuil
das Wildschwein(e)	le sanglier
das Eichhörnchen(-)	l'écureuil
der Hase(n-n) 7	le lièvre
der Fuchs(¨-e) 8	le renard
der Affe(n-n)	le singe
schlau	rusé
der Wolf(¨-e) 9	le loup
das Raubtier(e)	le carnassier, la bête féroce
der Löwe(n-n)	le lion
der Tiger(-)	le tigre
reißend	féroce
beißen(iss-iss)	mordre
der Bär(en-en)	l'ours
das Kamel(e)	le chameau
das Zebra(s)	le zèbre
der Elefant(en-en)	l'éléphant
das Nilpferd(e)	l'hippopotame
der Walfisch(e)	la baleine
der Delphin(e)	le dauphin
der Zoo(s)	le zoo
die Ratte(n)	le rat
die Maus(¨-e) 10	la souris
die Fledermaus(¨-e) 11	la chauve-souris
der Pelz(e)	la fourrure
der Igel(-)	le hérisson

Notez :

Das ist ein furchtsamer Hase.	C'est un poltron.
Er wohnt, wo Fuchs und Hase sich gute Nacht sagen.	Il habite un bled/au bout du monde.
Er ist ein schlauer Fuchs.	Il est rusé comme un renard.
Sie hat ihm einen Bären aufgebunden.	Elle lui a monté un bateau.

Die Fledermaus (La chauve-souris) est le nom d'une célèbre opérette (1874) de Johann Strauß fils (1825-1899).

Vögel und Fische ◆ *Oiseaux et poissons*

der Vogel(¨)	l'oiseau
fliegen(o-o)*	voler
die Feder(n) 13	la plume
der Flügel(-) 14	l'aile
der Schnabel(-)	le bec
das Nest(er) 15	le nid
der Adler(-)	l'aigle
die Amsel(n)	le merle
die Elster(n) 16	la pie
die Eule(n) 17	la chouette, le hibou
der Kuckuck(e)	le coucou
die Lerche(n)	l'alouette
die Meise(n)	la mésange
die Möwe(n) 18	la mouette
die Nachtigall(en)	le rossignol
der Papagei(en-en)	le perroquet
der Pfau(en) 19	le paon
der Pinguin(e)	le pingouin
der Rabe(n-n) 20	le corbeau
der Reiher(-)	le héron
die Schwalbe(n) 21	l'hirondelle
der Schwan(¨e) 22	le cygne
der Spatz(en-en), der Sperling(e)	le moineau
der Star(e)	l'étourneau
der Storch(¨e)	la cigogne
die Taube(n)	le pigeon
der Uhu(s)	le grand duc
der Fisch(e)	le poisson
schwimmen(a-o)*	nager
die Flosse(n)	la nageoire
die Gräte(n)	l'arête
die Schuppe(n)	l'écaille
der Goldfisch(e)	le poisson rouge
die Forelle(n)	la truite
der Karpfen(-)	la carpe
der Hecht(e)	le brochet
der Hering(e)	le hareng
die Sardine(n)	la sardine
der Aal(e)	l'anguille
der Thunfisch(e)	le thon
der Lachs(e)	le saumon

Notez cette expression familière :
Er hat einen Vogel. Il a un petit grain.

On dit :
rabenschwarz, noir comme du jais.
Ein Rabenvater ou *eine Rabenmutter* sont un père ou une mère dénaturés.

Die Forelle (La truite) est le titre d'un célèbre *Lied* de Franz Schubert.

Voici deux plats traditionnels à base de poisson :
der Heringssalat mit Pellkartoffeln, salade de harengs avec pommes de terre en robe des champs ;
der geräucherte Aal, anguille fumée.

Muscheltiere, Insekten und Kriechtiere ◆ *Coquillages, insectes et reptiles*

die Muschel(n)	le coquillage
die Krabbe(n)	le crabe, la crevette
der Hummer(-)	le homard
die Languste(n)	la langouste
die Auster(n)	l'huître
die Perle(n)	la perle
die Jakobsmuschel(n)	la coquille saint Jacques
die Miesmuschel(n)	la moule
der Seeigel(-)	l'oursin
der Tintenfisch(e)	la seiche
das Insekt(en)	l'insecte
die Ameise(n)	la fourmi
die Biene(n)	l'abeille
die Fliege(n)	la mouche
der Floh(¨-e)	la puce
die Heuschrecke(n)	la sauterelle
der Marienkäfer(-)	la coccinelle
die Motte(n)	la mite
die Mücke(n)	le moustique
der Schmetterling(e)	le papillon
die Spinne(n) 23	l'araignée
die Wespe(n)	la guêpe
stechen(i, a-o)	piquer
die Schlange(n) 24	le serpent
die Boa(s)	le boa
das Gift(e)	le venin
die Otter(n)	la vipère
kriechen(o-o)	ramper
der Wurm(¨-er)	le ver
die Schildkröte(n)	la tortue
der Frosch(¨-e) 25	la grenouille
die Kröte(n)	le crapaud
die Eidechse(n) 26	le lézard
das Krokodil(e)	le crocodile
die Schnecke(n) 27	l'escargot

Deux expressions :

Er hat einen Frosch im Hals.	Il a un chat dans la gorge.
Das hat mir einen Floh ins Ohr gesetzt.	Cela m'a mis la puce à l'oreille.

Das Spinnennetz ou *Spinnengewebe* est la toile d'araignée.

Notez un des sens du verbe *spinnen* dérivé du substantif *die Spinne* (l'araignée). *Er spinnt* (familier) : il a une araignée au plafond/il est un peu fou.

Landleben

14

La vie à la campagne

Auf dem Land / *Im Garten* ◆ *À la campagne* / *Au jardin*

das Land	la campagne
das Dorf(¨-er) 1	le village
der Dorfbewohner(-)	le villageois
der Bauer(n/s-n) 2	le paysan
die Bäuerin(nen)	la paysanne
die Landwirtschaft	l'agriculture
der Landwirt(e)	l'agriculteur/trice
der landwirtschaftliche Betrieb(e)	l'exploitation agricole
der Bauernhof(¨-e) 3	la ferme
der Hühnerhof(¨-e)	la basse-cour
der Hühnerstall(¨-e)	le poulailler
der Pferdestall(¨-e)	l'écurie
der Kuhstall(¨-e) 4	l'étable
die Scheune(n)	la grange
der Schuppen(-)	le hangar
der Brunnen(-)	le puits, la fontaine
der Obstgarten(¨-)	le verger
der Zaun(¨-e) 5	la clôture
das Gehege(-)	l'enclos
der Garten(¨-)	le jardin
das Gras(¨-er)	le gazon, l'herbe
der Rasen(-)	la pelouse
den Rasen mähen	tondre le gazon
der Rasenmäher(-)	la tondeuse
der Sonnenschirm(e)	le parasol
das Besprengen	l'arrosage (du gazon)
(be)gießen(oß-oss)	arroser
die Gießkanne(n) 7	l'arrosoir
der Schlauch(¨-e) 8	le tuyau d'arrosage
der Rechen(-) 9	le râteau
der Spaten(-)	la bêche
die Gabel(n) 10	la fourche
der Gartenbau(-ten)	le jardinage, l'horticulture

On dit :
auf dem Land wohnen, vivre à la campagne ;
aufs Land fahren, aller à la campagne.

Notez ces expressions imagées :
Wir wohnen im Grünen. Nous habitons à la campagne.
ins Grüne fahren, aller se promener à la campagne.

Les Allemands habitant la ville ont souvent un minuscule jardin à la périphérie où ils cultivent fruits, légumes et fleurs ; ce jardinet (jardin ouvrier) s'appelle *der Schrebergarten.*

On peut arroser le gazon *(der Rasen)* avec *ein Rasensprenger*. Pour les fleurs, on utilise *eine Gießkanne* (un arrosoir) et le jardinier *(der Gärtner)* se sert aussi d'un tuyau d'arrosage *(der (Garten)schlauch)*.

Feldarbeiten / *Travaux des champs*
Weinlese ◆ *Vendanges*

die Wiese(n) 11	la prairie, le pré
der Acker(¨), das Feld(er) 12	le champ
die Weide(n)	le pâturage
bestellen	cultiver, labourer
an/bauen, an/pflanzen	cultiver, planter
das Getreide	les céréales, le blé
Getreide an/bauen	cultiver le blé
der Anbau	la culture de la terre
der Traktor(en), der Trecker(-) 13	le tracteur
der Anhänger(-)	la remorque
der Pflug(¨e)	la charrue
ernten	récolter
die Ernte(n)	la récolte
die Getreideernte(n)	la moisson
mähen	faucher
das Stroh	la paille
das Heu	le foin
die Heuernte(n)	la fenaison
der Mähdrescher(-)	la moissonneuse-batteuse
säen	semer
pflanzen	planter
die Furche(n)	le sillon
der Dünger(-)	l'engrais
bewässern	irriguer
die Bewässerung(en)	l'irrigation
das Unkraut(¨er)	la mauvaise herbe
die Bodenreform(en)	la réforme agraire
die Weinlese(n)	la vendange
der Weinleser(-)	le vendangeur
der Winzer(-)	le vigneron

On dit :

einen Acker/einen Garten bestellen,	cultiver un champ/un jardin ;
Unkraut heraus/reißen(iss-iss),	arracher les mauvaises herbes ;
Unkraut jäten,	sarcler ;
Getreide mähen,	moissonner, couper les blés ;
Getreide dreschen(i, o-o),	battre les blés ;
die Weinlese halten(ä, ie-a),	faire les vendanges.

Stadtleben

15

La vie urbaine

Die Stadt ◆ *La ville*

die Stadt(¨-e)	la ville
die Großstadt(¨-e)	la grande ville
die Kleinstadt(¨-e)	la petite ville
die Altstadt(¨-e)	la vieille ville
das Viertel(-), der Stadtteil(e)	le quartier
das Wohnviertel(-)	le quartier résidentiel
das Elendsviertel(-), der Slum(s)	le bidonville
der Vorort(e)	la banlieue
die Umgebung(en)	les environs
die Straße(n)	la rue
die Hauptstraße(n)	la rue principale
die Gasse(n)	la ruelle, la rue
die Sackgasse(n)	le cul-de-sac
der Platz(¨-e)	la place
die Kreuzung(en)	le croisement, le carrefour
die Stadtautobahn(en)	la voie express
der Ring(e)	le périphérique, le boulevard de ceinture
der Parkplatz(¨-e)	le parking
die Fußgängerzone(n)	la zone piétonne
der Fußgängerübergang(¨-e), der Zebrastreifen(-)	le passage pour piétons
der Bürgersteig(e)	le trottoir
die Fahrbahn(en)	la chaussée
der Laternenpfahl(¨-e) 1	le réverbère
der Radweg(e)	la piste cyclable
die Brücke(n)	le pont
der Stadtpark(s/e)	le parc municipal
der Stadtplan(¨-e)	le plan de la ville

Notez :
auf der Straße, dans la rue.
Er wohnt in der Schillerstraße. Il habite rue Schiller.

Vous pourrez lire en ville :
Einfahrt/Ausfahrt frei/halten, ne pas stationner ;
Anlieger frei, interdit sauf aux riverains.
Sur les trottoirs des grandes artères on a souvent aménagé des pistes cyclables : *der Radfahrweg = der Radweg(e).*

Gebäude ◆ *Les bâtiments*

das Gebäude(-) 2	le bâtiment, l'édifice
das Haus(¨-er)	la maison
das Reihenhaus(¨-er)	la maison jumelée (à plusieurs sur une rangée)
das Hochhaus(¨-er) 3	l'immeuble
der Wohnblock(s)	le grand ensemble
der soziale Wohnungsbau(ten), die Sozialwohnung(en)	l'H.L.M.
das Monument(e) das Denkmal(¨-er) 4	le monument
die Sehenswürdigkeit(en)	la curiosité (édifice à voir)
die Kirche(n) 5	l'église
der Dom(e), die Kathedrale(n), das Münster(-)	la cathédrale
das Rathaus(¨-er)	l'hôtel de ville
das Postamt(¨-er)	le bureau de poste
das Arbeitsamt(¨-er)	le bureau pour l'emploi
das Verkehrsamt(¨-er)	l'office de tourisme

die (Polizei)wache(n)	le poste de police
das Jugendzentrum (-zentren)	le centre pour les jeunes
das Krankenhaus(¨-er)	l'hôpital
die (Stadt)-bibliothek(en)	la bibliothèque (municipale)
die Schule(n)	l'école
das Gymnasium(-sien)	le lycée
das Kino(s)	le cinéma
der Konzertsaal(-säle)	la salle de concert
das Theater(-)	le théâtre
das Opernhaus(¨-er)	l'opéra
das Museum(-seen)	le musée
die Bank(en)	la banque
das Parkhaus(¨-er)	le parking en étages
die Garage(n)	le garage
die Tankstelle(n)	la station-service
der Bahnhof(¨-e)	la gare
das Hotel(s)	l'hôtel
das Schloß(¨-sser)	le château
der Turm(¨-e) 6	la tour

Si vous voyez devant un théâtre : *Ausverkauft,* cela signifie qu'il n'y a plus de places.

Pour vous procurer de la manière la plus simple des places de théâtre, adressez-vous aux *Kartenvorverkaufstellen* (agences de réservation).

Einwohner und Verkehrsmittel ◆ *Habitants et moyens de transport*

der Einwohner(-) l'habitant
der Stadtbewohner(-), der Städter(-) le citadin
wohnen habiter
die Mietwohnung(en) l'appartement en location
der Mieter(-) le locataire
die Eigentums-wohnung(en) l'appartement en copropriété
der Eigentümer le propriétaire
die Bevölkerung(en) la population
der Fußgänger(-) 7 le piéton
der Spaziergänger(-) le promeneur
die Ampel(n) le feu rouge
die Kreuzung(en) le croisement
überqueren traverser la rue
die Menge(n) la foule
drängen pousser
Schlange stehen (stand-gestanden), sich an/stellen faire la queue
die Reihe(n) la file
die städtischen Verkehrsmittel les transports urbains

die Straßenbahn(en) le tramway
die U-Bahn(en) le métro
die S-Bahn(en) le métro express, le train de banlieue
der Bus(se) le bus, le car
mit dem Bus fahren (ä, u-a)* prendre le bus
den Bus verpassen rater le bus
der Schaffner(-) le receveur
die Haltestelle(n) l'arrêt
der Automat(en-en) le distributeur
der Fahrschein(e) le billet
den Fahrschein entwerten composter le billet
gültig valable
das Taxi(s) le taxi
der Taxifahrer(-) le chauffeur de taxi
der (Verkehrs)stau(s) l'embouteillage
die Polizei la police
der Polizist(en-en) le policier, l'agent
das Polizei-präsidium(dien) la préfecture de police

On dit :
über die Straße gehen (i-a) ou *die Straße überqueren,* traverser la rue.
Attention ! La particule de *überqueren* est inséparable.

die U-Bahn = die Untergrund-Bahn
die S-Bahn = die Schnellbahn.

Öffentliche Dienste ◆ *Les services publics*

der Bürger(-)	le citoyen
die Gemeindeverwaltung(en)	la municipalité
das Amt(¨-er)	le bureau, le service
das Wohnungsamt(¨-er)	le service du logement
das Fürsorgeamt(¨-er)	le bureau d'aide sociale
das Stadtjugendamt (¨-er)	le service municipal de la jeunesse
die Feuerwehr(en)	les pompiers
der Feuerwehrmann(-leute)	le pompier
die Feuerwache(n)	la caserne des pompiers
das Postamt(¨-er)	le bureau de poste
die Post	la poste
Post haben	avoir du courrier
der Postbote(n)	le facteur
das Briefpapier(e)	le papier à lettres
der Umschlag(¨-e)	l'enveloppe
die Briefmarke(n)	le timbre

auf/kleben	coller (sur quelque chose)
die Adresse(n)	l'adresse
der Absender(-)	l'expéditeur
die Postkarte(n)	la carte (postale)
der Briefkasten(¨-)	la boîte à lettres
einen Brief ein/werfen(a-o)	mettre une lettre à la boîte
einen Brief schicken	envoyer une lettre
das Telefon(e)	le téléphone
mit jemandem telefonieren, jemanden an/rufen(ie-u)	téléphoner à quelqu'un
die Telefonnummer(n)	le numéro de téléphone
das Telefonbuch(¨-er)	l'annuaire du téléphone
eine Nummer wählen	composer un numéro
die Leitung ist besetzt	la ligne est occupée
die Telefonzelle(n)	la cabinc téléphonique

Quand il y a un incendie *(der Brand)* on appelle *die Feuerwehr.*

Dans les incendies de forêts il y a souvent plusieurs *Brandherde* (foyers).

La poste allemande est représentée par une trompe de postillon, *das Posthorn,* sur fond jaune.

Quand vous êtes appelés au téléphone, il est habituel de dire immédiatement son nom : *(Hier) Frau Hellmuth. (Hier) Herr Schmidt.*

Dans une cabine téléphonique *(die Telefonzelle)* vous lirez :
Zuerst Geld einwerfen (mettre les pièces).
Den Hörer abnehmen (décrocher), *wählen* (composer le numéro).
Sachez que *die Vorwahl* est l'indicatif téléphonique, *das Ferngespräch* la communication interurbaine et *das Ortsgespräch* la communication locale.

On dit :
*auf die Post gehen(i-a)** ou *zur Post gehen**, aller à la poste.

...kauf auch eine Seife im Kaufhof!
DER NAME IST EINE GARANTIE FÜR FEINES ESSEN
Feinschmecker
RESTAURANT
BISTROT
OBST UND GEMÜSE
no Mac Dono
LILI & LOLA
Buchhandlung
FRISEUR
15 F
BÄCKEREI FRISCH
1
7
8
9
10
11
12

Der Handel

16

Le commerce

Geschäfte ◆ *Les magasins*

der Handel	le commerce
das Geschäft(e)	le magasin
der Laden(¨) 1	la boutique
die Boutique(n)	la boutique de mode
der Markt(¨e)	le marché
der Supermarkt(¨e) 2	le supermarché
das Einkaufszentrum (-zentren)	le centre commercial
das Kaufhaus(¨er), das Warenhaus (¨er) 3	le grand magasin
das Schaufenster(-) 4	la vitrine
das Schild(er)	l'enseigne
das Antiquariat(e)	la librairie d'occasion
die Apotheke(n)	la pharmacie
die Bäckerei(en)	la boulangerie
die Konditorei(en)	la pâtisserie-confiserie
die Blumenhandlung(en)	le fleuriste (magasin)
die Buchhandlung(en)	la librairie
der Frisiersalon(s)	le salon de coiffure
der Juwelierladen(¨) 5	la bijouterie
das Lebensmittelgeschäft(e)	l'épicerie, le magasin d'alimentation
der Fischladen(¨)	la poissonnerie
die Fleischerei(en), die Metzgerei(en)	la boucherie, la charcuterie
die Obst- und Gemüsehandlung(en)	le magasin de primeurs
die Reinigung(en)	la teinturerie, le pressing
das Tabakwarengeschäft(e)	le bureau de tabac
die Schreibwarenhandlung(en)	la papeterie
das Sportgeschäft(e)	le magasin de sport
die Wäscherei(en)	la blanchisserie
das Zeitungsgeschäft(e)	la maison de la presse
der (Zeitungs)kiosk(e)	le kiosque à journaux

On dit :

auf den Markt gehen,	aller au marché ;
zur Apotheke gehen,	aller à la pharmacie ;
etwas in die Reinigung geben,	porter quelque chose à la teinturerie.

Vous serez étonnés en voyant sur certains trottoirs des stands de journaux sans vendeur : *die Zeitungsverkaufsstelle(n).*
Les acheteurs mettent leurs pièces de monnaie dans la boîte réservée à cet effet et prennent leur journal.

Kaufen und Verkaufen ◆ Acheter et vendre

kosten	coûter
aus/geben(i, a-e)	dépenser
der Einkauf(¨-e)	l'achat, la course
Einkäufe machen, ein/kaufen	faire les courses
der Einkaufswagen(-)6	le caddy
der Verkauf(¨-e)	la vente
der Verkäufer(-) 7	le vendeur
der Händler(-)	le marchand, le commerçant
der Kaufmann(-leute)	le négociant, le commerçant
der Kunde(n-n) 8	le client
die Kundin(nen)	la cliente
der Kundendienst(e)	le service-clientèle
die Selbstbedienung(en)	le self-service
die Ware(n)	la marchandise
das (Waren)muster(-)	l'échantillon
an/bieten(o-o)	offrir, proposer
die Marke(n)	la marque
der Preis(e) 9	le prix
billig	bon marché
preiswert	avantageux
teuer	cher
reduziert	à prix réduit, soldé
gratis, kostenlos	gratuit
bezahlen	payer
zurück/zahlen	rembourser
um/tauschen	échanger
liefern	livrer
der Ausverkauf(¨-e)	les soldes
der Sommerschlußverkauf(¨-e)	les soldes d'été
der Winterschlußverkauf(¨-e)	les soldes d'hiver
das Sonderangebot(e)	l'offre spéciale
der Rabatt(e)	la remise
Rabatt geben(i, a-e)	faire une remise
ausverkauft	épuisé, totalement vendu
die Messe(n)	la foire exposition
die Ausstellung(en)	l'exposition
die Konkurrenz(en)	la concurrence
der Konkurs(e)	la faillite
ein/führen	importer
aus/führen	exporter

Dans un magasin on vous demandera :
Was darf es sein ? Qu'est-ce que vous désirez ?
Kann ich Ihnen helfen ? Puis-je vous aider ?
Vous répondrez :
Ich möchte... ou : *Ich hätte gern...* Je voudrais...
On vous demandera :
Sonst noch was ? ou : *Sonst noch einen Wunsch ?* Ce sera tout ?
Vous pourrez répondre :
Danke, das ist alles. Ce sera tout.

Dans les grandes villes les magasins restent ouverts jusqu'à 18 heures le 1er samedi du mois. Ce samedi est appelé *Langer Samstag*.

Hotels-Gaststätten-Lokale ◆ Hôtels-Restaurants-Cafés

das Hotel(s)	l'hôtel
das Zwei/Drei-Sterne-Hotel(s)	l'hôtel deux/trois étoiles
in einem Hotel ab/steigen(ie-ie)	descendre dans un hôtel
die Pension(en)	la pension de famille
reservieren	réserver
das Einzelzimmer(-)	la chambre pour une personne
das Doppelzimmer(-)	la chambre pour deux personnes
die Rechnung(en)	l'addition
die Rezeption(en), der Empfang(¨-e)	la réception
der Speiseraum(¨-e)	la salle à manger
die Bar(s)	le bar
die Gaststätte(n)	le café-restaurant
der Gasthof(¨-e), das Gasthaus(¨-er)	l'auberge, le petit hôtel
das Restaurant(s)	le restaurant
das Lokal(e)	le café
das Café(s)	le salon de thé
die Kneipe(n)	le bistrot
die Imbißstube(n) 10	le snack-bar
die Weinstube(n)	la taverne (où l'on boit du vin)
die Bierstube(n), der Bierkeller(-)	la brasserie
die Pizzeria(s)	la pizzeria
bestellen	commander
die Speisekarte(n)	la carte
der Kellner(-) 11	le serveur, le garçon
die Kellnerin(nen)	la serveuse
die Bedienung(en)	le service
bedienen	servir
die Terrasse(n) 12	la terrasse
der Würstchenstand(¨-e)	le stand à saucisses

Notons que le salon de thé *(die Konditorei)* n'est pas fréquenté par la même classe sociale qu'en France ; il correspond un peu à nos bistrots. On pourra vous y demander, si vous prenez une pâtisserie :
Mit oder ohne Schlagsahne ? Avec ou sans crème Chantilly ?

À la porte d'un hôtel, vous pourrez lire :
Zimmer frei. Chambres libres.
Belegt ou *voll belegt.* Complet.

Avant de partir, vous appelez le garçon pour régler :
Herr Ober, bitte zahlen ! Garçon, l'addition s.v.p.
Il vous précisera peut-être :
Inklusive Bedienung ou *einschließlich Bedienung* (Service compris).

Das Geld
17
L'argent
Kannst du mir Geld leihen?
Ich bin keine Bank, mein Schatz! Zuerst bezahlst du deine Schulden.
POLICE

Geld 1 ◆ *L'argent 1*

das Geld	l'argent	**die Währungspolitik**	la politique monétaire
die Mark(-)	le mark	**die Währungs-reform(en)**	la réforme monétaire
die D-Mark(-)	le mark allemand	**die Börse(n)**	la Bourse
der Franc(-)	le franc français ou belge	**die Aktie(n)**	l'action
der Dollar(-)	le dollar	**die Inflation**	l'inflation
der Geldschein(e) 1	le billet	**steigen(ie-ie)***	monter
das Geldstück(e) 2	la pièce de monnaie	**der Konsum**	la consommation
der Pfennig(e)	le pfennig	**der Konsument(en-en), der Verbraucher(-)**	le consommateur
das Markstück(e)	la pièce de 1 DM	**der Konsum-verband(¨-e)**	l'association de consommateurs
das Kleingeld	la petite monnaie	**die Konsum-gesellschaft(en)**	la société de consommation
das Taschengeld	l'argent de poche		
die Währung(en)	la monnaie (d'un pays) les devises		
die Währungs-union(en)	l'union monétaire		

La création du D-Mark date du 20-6-1948.
On échangeait alors *10 Reichsmark* contre *1 D-Mark*.
La monnaie de l'Allemagne est :
die Deutsche Mark = DM, *1 DM = 100 Pfennige.*
Celle de l'Autriche est :
der Schilling = S, *1 S = 100 Groschen.*
Et en Suisse alémanique la monnaie est : *der Franken(-).*

Remarquez le nom des pièces allemandes :

das Zweipfennigstück,	la pièce de 2 Pfennig
das Fünfpfennigstück,	la pièce de 5 Pf.
der Groschen,	la pièce de 10 Pf.
das Fünfzigpfennigstück,	la pièce de 50 Pf.
das Markstück,	la pièce de 1 DM.
das Zweimarkstück,	la pièce de 2 DM.
das Fünfmarkstück,	la pièce de 5 DM.
der Zehnmarkschein,	le billet de 10 DM.

On dit :
um Geld spielen, jouer pour de l'argent ;
kein Geld bei sich haben, ne pas avoir de l'argent sur soi.
Proverbe :
Geld regiert die Welt. L'argent mène le monde.

Geld 2 ◆ *L'argent 2*

kaufen	acheter
verkaufen	vendre
(be)zahlen	payer
die Zahlung(en)	le paiement
aus/geben(i-a-e)	dépenser
die Ausgabe(n)	la dépense
reich 3	riche
leihen(ie-ie)	prêter, emprunter
zurück/zahlen	rembourser
schulden, schuldig sein	devoir (de l'argent)
er ist mir 100 DM schuldig	il me doit 100 mark
die Schulden *(plur)*	les dettes
sparen	économiser
die Ersparnisse *(plur)*	les économies
die Sparbüchse(n), die Spardose(n)	la tirelire
der Gewinn(e)	le gain, le bénéfice
das Gehalt(¨-er)	le salaire
das Einkommen(-)	les revenus
besitzen(aß-ess)	posséder
gehören	appartenir
das Vermögen(-)	la fortune
der Reichtum(¨-er)	la richesse
arm	pauvre
die Armut	la pauvreté
pleite	fauché, sans le sou
geizig	avare
die Not(¨-e)	la misère, la détresse
betteln	mendier
der Bettler(-)	le mendiant

Remarquez ces deux expressions :
Er hat Geld wie Heu = Er schwimmt im Geld. Il roule sur l'or.
Er wirft Geld zum Fenster hinaus. Il jette l'argent par les fenêtres.

On dit :
zum Bettler machen, réduire à la mendicité ;
wenn Not am Mann ist, en cas de besoin ;
in Not geraten, tomber dans la misère.

Deux proverbes :
Not macht erfinderisch. Nécessité est mère d'invention.
Armut schändet nicht. Pauvreté n'est pas vice.

Auf der Bank ◆ À la banque

die Bank(en)	la banque
die Sparkasse(n)	la Caisse d'épargne
das Sparbuch(¨-er)	le livret de Caisse d'épargne
die Wechselstube(n)	le bureau de change
Geld wechseln	changer de l'argent
die Kasse(n)	la caisse
der Schalter(-)	le guichet
der Geldautomat (en-en)	la billetterie
das (Bank)konto (-konten)	le compte (en banque)
das Girokonto (-konten)	le compte courant
der Scheck(s)	le chèque
das Scheckbuch(¨-er)	le carnet de chèques
das Euroscheck(s)	l'eurochèque
der Reisescheck(s)	le chèque de voyage
per/mit Scheck zahlen	payer par chèque
bar/zahlen	payer en espèces
das Bargeld	les espèces, l'argent liquide
der Kredit(e)	le crédit
die Kreditkarte(n)	la carte de crédit
auf Raten kaufen	acheter à crédit
Geld ein/zahlen	verser de l'argent
die Einzahlung(en)	le versement
Geld ab/heben(o-o)	retirer de l'argent
die Abhebung(en)	le retrait
Geld überweisen(ie-ie)	virer de l'argent
die Überweisung(en)	le virement
die Postanweisung(en)	le mandat postal

On dit :

zur Bank gehen ou *auf die Bank gehen,* aller à la banque ;
ein Konto eröffnen, ouvrir un compte ;
Mein Konto ist überzogen. Mon compte est à découvert.
Quand on achète à crédit *(auf Raten kaufen)* on doit ensuite verser chaque mois une mensualité *(die Rate)*.

Notez :
bares Geld = Bargeld, argent comptant ;
bar bezahlen, payer en argent comptant.

Si vous voulez connaître le cours du mark, vous direz :
Was ist der Wechselkurs für die D-Mark ?
La banque d'émission de la République fédérale d'Allemagne est *die Deutsche Bundesbank* (la Banque fédérale allemande).

Zahlen und Maße

18

Nombres et mesures

Zählen ◆ Compter

die Zahl(en)	le nombre
null	zéro
eins	un
zwei	deux
drei	trois
vier	quatre
fünf	cinq
sechs	six
sieben	sept
acht	huit
neun	neuf
zehn	dix
elf	onze
zwölf	douze
dreizehn	treize
vierzehn	quatorze
fünfzehn	quinze
sechzehn	seize
siebzehn	dix-sept
achtzehn	dix-huit
neunzehn	dix-neuf
zwanzig	vingt
eindundzwanzig	vingt et un
dreißig	trente
vierzig	quarante
fünfzig	cinquante
sechzig	soixante
siebzig	soixante-dix
achtzig	quatre-vingt
neunzig	quatre-vingt-dix
hundert	cent
hunderteins	cent un
zweihundert	deux cents
tausend	mille
eine Million(en)	un million
eine Milliarde(n)	un milliard
halb	demi
die Hälfte(n) 1	la moitié
das Drittel(-) 2	le tiers
das Viertel(-) 3	le quart
der/die/das erste	le premier/ la première
der/die/das zweite	le deuxième, le second
der/die/das dritte	le troisième/ la troisième
der/die/das siebte	le septième/ la septième
der/die/das zwangzigste	le vingtième/ la vingtième
das Hundert(e)	la centaine
Hunderte/Tausende von	des centaines/ des milliers de

Au téléphone on dit : *Ist da 43 29 57 ?* Suis-je bien au 43 29 57 ?
Pour le chiffre 2 on dit : *« zwo »*, pour éviter des confusions avec la prononciation du chiffre : *« drei »*.
5 % = *fünf Prozent*, 2,5 = *zwei Komma fünf*,
10^6 = *zehn hoch sechs* (10 puissance 6), *etwa zehn* = environ 10,
anderthalb Monate, eineinhalb Monate = un mois et demi.

Les chiffres et nombres cardinaux sont du féminin :
die Null (le zéro), *die Drei* (le chiffre 3),
mais : *das Hundert* (le chiffre 100), *das Tausend* (le chiffre 1000).

Pour les noms de rois ou d'empereurs on utilise les ordinaux :
Wilhelm II = Wilhelm der Zweite, Guillaume II.
Karl der Fünfte, Charles Quint.

Rechnen und Mengenbegriffe ◆ *Calculer La quantité*

rechnen	calculer
zusammen/zählen, zusammen/rechnen, addieren	additionner, faire le total (de)
die Addition(en)	l'addition
abziehen, subtrahieren(von)	soustraire (de)
die Substraktion(en)	la soustraction
multiplizieren	multiplier
die Multiplikation(en)	la multiplication
teilen(durch), dividieren	diviser (par)
die Division(en), die Teilung(en) 4	la division
der Bruch(¨-e) 5	la fraction
wieviel	combien
doppelt	double
das Doppelte(n)	le double
dreifach	triple
ungefähr/etwa/circa	environ
genau	exact
zahlreich	nombreux
wenig	peu
viel	beaucoup
weniger	moins
mehr	plus
mehrere	plusieurs
die Menge(n)	la quantité
vergleichen(i-i)	comparer
der Unterschied(e)	la différence
die Nummer(n)	le numéro
die Ziffer(n)	le chiffre
höher	supérieur
nichts	rien
etwas	quelque chose
ein(kleines) bißchen	un (tout petit) peu
überhaupt nicht mehr	plus du tout
die meisten	la plupart

Notez la façon de dire les opérations :

$3+2 = 5$ *drei plus zwei ist fünf*
$6-4 = 2$ *sechs minus vier ist zwei*
$5\times 3 = 15$ *fünf mal drei ist fünfzehn*
$12\div 2 = 6$ *zwölf geteilt durch zwei ist sechs*

On dit :

Ich habe genauso viel Geld wie du.	J'ai autant d'argent que toi.
Was macht das im Ganzen ?	Ça fait combien au total ?
Alles zusammengerechnet,	au total ; tout compte fait.
Als ob nichts geschehen wäre.	Comme si de rien n'était.
das Nichts,	le néant.

Remarquez la construction après *nichts* et *etwas : nichts Gutes, (et)was Schönes.*

Quelques expressions à retenir :

Das geht gerade auf. Cela fait un compte rond.
Unter vier Augen, entre quatre yeux.
Einmal ist keinmal. Une fois n'est pas coutume.
Du kannst mit mir rechnen ou *du kannst auf mich zählen,* tu peux compter sur moi.

Maße und Gewichte ◆ *Poids et mesures*

das Maß(e)	la mesure
die Länge(n)	le longueur
die Breite(n)	la largeur
die Höhe(n)	la hauteur
die Tiefe(n)	la profondeur
der/das Meter(-)(m)	le mètre (m)
der Quadratmeter(-) (m²)	le mètre carré (m²)
der Kubikmeter(-) (m³)	le mètre cube (m³)
der Zentimeter(-) (cm)	le centimètre (cm)
der Kilometer(-) (km)	le kilomètre (km)
der Stundenkilometer(-) (km/h, km/St)	le kilomètre-heure (km/h)
messen(a-e)	mesurer
riesig	énorme
unermeßlich	immense, incommensurable
das Ende(n)	le bout, la fin
die Größe(n)	la taille
der Liter(-)	le litre (l)
das Gewicht(e)	le poids
die Waage(n)	la balance
das Gramm(e) (g)	le gramme (g)
das Pfund(e) (Pfd)	la livre
das Kilogramm(e) (kg)	le kilogramme (kg)
der Zentner(-)	cinquante kilos
die Tonne(n) (t)	la tonne (t)
schwer 6	lourd
leicht 7	léger
wiegen(o-o)	peser
der Grad(e)	le degré
Grad Celsius (=°C)	degré Celsius (°C)

On dit :
Wie lang/breit/hoch ist das Zimmer ? Quelle est la longueur/largeur/hauteur de la pièce ?
Im Durchschnitt fahre ich 120. Je roule à 120 de moyenne.

Les noms masculins ou neutres indiquant la mesure ou la quantité restent invariables quand ils sont précédés d'un adjectif numéral. On dit donc :
zwei Glas Wasser, drei Pfund Zucker, vier Liter Milch.

Der Mensch bei der Arbeit

19

L'homme au travail

Arbeit und Berufe 1 ◆ Le travail et les professions 1

der Beruf(e)	la profession
der Lohn(¨-e)	la paie, le salaire
das Gehalt(¨-er)	le traitement, le salaire
das Einkommen(-)	les revenus
die Arbeit(en)	le travail
die Handarbeit(en)	le travail manuel
arbeiten	travailler
der Arbeitsplatz(¨-e), die Stelle(n)	l'emploi, le poste
der Job(s)	l'emploi temporaire, le job
der Arbeiter(-) 1	l'ouvrier
der Mitarbeiter(-)	le collaborateur
der Gehilfe(n-n)	l'auxiliaire, l'assistant
die Gehilfin(nen)	l'auxiliaire, l'assistante
der Fachmann(-leute)	le spécialiste
der Chef(s)	le chef, le patron
der Direktor(en-en)	le directeur
die Führungskräfte *(plur)*	les cadres
der Angestellte(n-n) ein Angestellter	l'employé
der mittlere/leitende Angestellte(n-n)	le cadre moyen/supérieur
der Arbeitgeber(-)	l'employeur
der Arbeitnehmer(-)	l'employé(e)
der Anstreicher(-) 2	le peintre en bâtiment
der Apotheker(-)	le pharmacien
der Architekt(en-en)	l'architecte
der Arzt(¨-e)	le médecin
die Ärztin(nen)	le médecin (femme)
der Büroangestellte(n), ein Büroangestellter, der Kontorist(en-en)	l'employé de bureau
der Buchhalter(-)	le comptable
der Buchhändler(-)	le libraire
der Chirurg(en-en)	le chirurgien
das Dienstmädchen(-)	l'employée de maison
der Dolmetscher(-)	l'interprète
der Elektriker(-)	l'électricien
der Feuerwehrmann (-leute)	le pompier
der Fischhändler(-)	le poissonnier
der Fließband-arbeiter(-)	l'ouvrier à la chaîne
der Fotograf(en-en)	le photographe
das Fotomodell(e)	le mannequin
der Friseur(e)	le coiffeur
die Friseuse(n)	la coiffeuse

Remarque : La plupart des noms de profession forment le féminin en ajoutant **-in** : *der Dolmetscher(-)*, l'interprète (homme) → *die Dolmetscherin(nen)*, l'interprète (femme).

Pour demander à un adolescent ce qu'il envisage de faire plus tard, vous direz :
Was willst du später werden ?

Si vous voulez connaître la profession de quelqu'un, vous demanderez :
Was sind Sie von Beruf ?

Arbeit und Berufe 2 ◆ Le travail et les professions 2

der Geschäftsführer(-)	le gérant
der Graphiker(-)	l'illustrateur
der Informatiker(-)	l'informaticien
der Installateur(e)	le plombier-chauffagiste
der Journalist(en-en)	le journaliste
der Kaufmann(-leute)	le commerçant
die Kauffrau(en)	la commerçante
die Kindergärtnerin(nen)	la jardinière d'enfants
der Klempner(-)	le plombier
der Koch(¨-e)	le cuisinier
die Köchin(nen)	la cuisinière
der Krankenpfleger(-)	l'infirmier
die Krankenschwester(n)	l'infirmière
der Kinderarzt(¨-e)	le pédiatre
die Kinderärztin(nen)	la pédiatre
der Lastkraftfahrer(-) 3	le camionneur
der Lebensmittelhändler(-)	l'épicier
der Lehrer(-)	le professeur
der Mechaniker(-)	le mécanicien
der Moderator(en-en)	le présentateur (à la télévision ou à la radio)
der Pfarrer(-)	le pasteur
der Physiker(-)	le physicien
der Pilot(en-en)	le pilote
der Polizist(en-en)	le policier
der Priester(-)	le curé
die Putzfrau(en) 4	la femme de ménage
der Rechtsanwalt(¨-e)	l'avocat
die Rechtsanwältin(nen)	l'avocate
der Richter(-)	le juge
der Schlosser(-)	l'ajusteur ; le serrurier
die Sekretärin(nen) 5	la secrétaire
der Sozialarbeiter(-)	l'assistant social
die Sprechstundenhilfe(n)	l'assistante médicale
die Stenotypistin(nen)	la sténo-dactylo
die Stewardeß(ssen)	l'hôtesse de l'air
der Taxifahrer(-)	le chauffeur de taxi
der Telefonist(en-en)	le standardiste
der Tierarzt(¨-e)	le vétérinaire
die Tierärztin(nen)	le vétérinaire (femme)
der Verkäufer(-)	le vendeur
der Zahnarzt(¨-e)	le dentiste
die Zahnärztin(nen)	la dentiste
der Zeichner(-)	le dessinateur
der Zollbeamte(n-n) ein **Zollbeamter**	le douanier

Retenez :
Sie arbeitet als Sekretärin bei Siemens. Elle travaille comme secrétaire chez Siemens.
Er arbeitet am Fließband. Il travaille à la chaîne.

Die Arbeitswelt 1 ◆ Le monde du travail 1

der Arbeitsmarkt(¨-e)	le marché du travail
das Stellenangebot(e)	l'offre d'emploi
der Bewerber(-)	le candidat, le postulant
die Bewerbung(en)	la candidature
die Teilzeitarbeit(en)	le travail à temps partiel
die gleitende Arbeitszeit	l'horaire variable
die Berufs-ausbildung(en)	la formation professionnelle
die Berufsaussichten *(plur)*	les débouchés
die Weiterbildung(en)	la formation continue
die Aushilfskraft(¨-e)	l'intérimaire
der Azubi(s), der Lehrling(e)	l'apprenti
das Praktikum(-ka)	le stage
der Praktikant(en-en)	le stagiaire
die Lehrzeit(en), die Lehre(n)	l'apprentissage
die Lehrstelle(n)	le contrat d'apprentissage
der ungelernte Arbeiter(-), der Hilfsarbeiter(-)	l'ouvrier spécialisé, l'O.S.
der Facharbeiter(-)	l'ouvrier qualifié
sich qualifizieren	se qualifier
die Qualifikation(en)	la qualification
die Arbeitskraft	l'ouvrier
die Arbeitskräfte *(plur)*	la main-d'œuvre
das Erwerbsleben(-)	la vie active
das Personal(e)	le personnel
der Personaldirektor(en)	le directeur du personnel
der Personalleiter(-)	le chef du personnel

Notez :

eine Arbeit suchen,	chercher un emploi ;
eine Arbeit finden,	trouver un emploi ;
sich um eine Stelle bewerben(i, a-o),	solliciter un emploi ;
an die Arbeit gehen ou *sich an die Arbeit machen,*	se mettre au travail ;
keine Arbeit scheuen,	ne pas reculer devant le travail ;
Überstunden machen,	faire des heures supplémentaires ;
seine Entlassung ein/reichen,	donner sa démission ;

der Azubi = der Auszubildende(n), ein Auszubildender.

On dit :
Personal ein/stellen, embaucher du personnel.

Die Arbeitswelt 2 ◆ Le monde du travail 2

entlassen(ä, ie-a), kündigen(+dat)	licencier
die Entlassung(en), die Kündigung(en)	le licenciement
die Überstunde(n)	l'heure supplémentaire
der Feierabend	le fin du travail, de la journée
die Altersrente(n)	la retraite (la pension)
das Arbeitsamt(¨-er)	l'agence pour l'emploi
die Arbeitslosigkeit	le chômage
arbeitslos sein	être au chômage
der Arbeitslose(n) ein Arbeitsloser	le chômeur
der Streik(s)	la grève
streiken	faire grève
die Zukunftschancen *(plur)*	les perspectives d'avenir
die Perspektiv-losigkeit(en)	l'absence de perspectives
das Büro(s)	le bureau
ins Büro gehen (ging-gegangen)*	aller au bureau
die Schreib-maschine(n) 6	la machine à écrire
die Fabrik(en) 7	l'usine, la manufacture
der Betrieb(e)	l'entreprise
das Werk(e)	l'usine
die Firma (Firmen)	la firme, l'entreprise

Notez :

das Recht auf Arbeit garantieren, — garantir le droit au travail ;
die Altersversicherung, — l'assurance-vieillesse ;
in den Ruhestand treten, — prendre sa retraite ;
in den Ruhestand versetzen, — mettre à la retraite ;
Arbeitslosengeld beziehen(o-o) — toucher l'allocation chômage.

On dit :

Der Chef kündigt mir ou *der Chef entläßt mich.* — Le chef me licencie.

Ich kündige zum 1. Juni. — Je donne congé pour le 1er juin.

Remarquez l'expression :

Wir machen Feierabend. — Nous nous arrêtons de travailler.

En Allemagne l'organisation des syndicats est différente de celle que nous connaissons en France.
Il y a un syndicat *(eine Gewerkschaft)* pour chaque secteur industriel, par exemple : *IG Chemie = Industrie Gewerkschaft Chemie.*
Le *DGB, der Deutsche Gewerkschaftsbund* (la confédération des syndicats allemands) les réunit tous.

AULA
BIBLIOTHEK
ERGEBNISSE
BESTANDEN
NICHT BESTANDEN
GESCHICHTE
LITERATUR
PHYSIK
CHEMIE
NATUR-
WISSENCHAFT
MATHE
SPRACHEN
SPORT
Verdammt, meine Ferien werde ich mit Nachhilfe verbringen!..
FUNKY MUSIC

Das Schulwesen

20

L'enseignement

Schulsystem und Unterrichtsfächer 1 ◆ *Système scolaire et matières enseignées 1*

die Schule(n)	l'école
der Schüler(-)	l'élève
die Schülerin(nen)	l'élève (fille)
die Klasse(n)	la classe
der Lehrer(-) 1	le professeur
die Lehrerin(nen)	le professeur femme
der Musiklehrer(-)	le professeur de musique
der Mathelehrer(-)	le professeur de maths
der Grundschullehrer(-)	l'instituteur
der Klassenlehrer(-)	le professeur principal
der Klassensprecher(-)	le délégué des élèves
der Direktor(en)	le proviseur, le directeur
die Stunde(n), der Unterricht(e)	l'heure de cours, le cours
die Deutschstunde(n), der Deutschunterricht(e)	le cours d'allemand
unterrichten	enseigner
der Kindergarten(¨)	le jardin d'enfants
die Grundschule(n)	l'école élémentaire
die Hauptschule(n)	l'école secondaire (de 10 ans à 18 ans)
die Realschule(n)	l'école secondaire (de 10 ans à 16 ans)
die Gesamtschule(n)	l'école secondaire polyvalente
das Gymnasium(-ien)	le lycée
die Handelsschule(n)	l'école commerciale
die Berufsschule(n)	l'école professionnelle
das Internat(e)	l'internat
sitzen bleiben(ie-ie)*	redoubler
versetzt werden*	passer dans la classe supérieure
die Note(n)	la note
das Zeugnis(-se)	le bulletin scolaire
die Lektion(en)	la leçon
die Hausaufgabe(n)	les devoirs, le travail à la maison
die Klassenarbeit(en)	le contrôle (en classe), le test
der Fortschritt(e)	le progrès
die Strafarbeit(en)	la punition écrite
wiederholen	réviser ; redoubler
die Nachhilfe	les cours de rattrapage
mogeln	tricher
ab/schreiben(ie-ie)	copier
flüstern	chuchoter
schwatzen, schwätzen	bavarder

On dit :
zur Schule gehen(i-a), in die Schule gehen(i-a)*,* aller à l'école ; *schulfrei haben,* ne pas avoir classe ; *die Schule schwänzen,* faire l'école buissonnière ; *eine Klassenarbeit schreiben(ie-ie),* faire un contrôle. *Ich habe meine Arbeit verpatzt* (fam). J'ai raté mon interro. *Ich muß nachsitzen.* J'ai une colle. *Was haben wir für heute auf ?* Qu'est-ce qu'on a pour aujourd'hui ?
Chaque Land dispose d'une grande indépendance en matière d'éducation, c'est ainsi qu'il n'y a pas de ministre fédéral de l'Éducation, mais *ein Kultusminister* dans chaque Land.

Schulsystem und Unterrichtsfächer 2 ◆ Système scolaire et matières enseignées 2

das Fach(¨-er)	la matière
das Pflichtfach(¨-er)	la matière obligatoire
das Wahlfach(¨-er)	la matière à option
das Lieblingsfach(¨-er)	la matière préférée
der Lehrplan(¨-e)	le programme
der Stundenplan(¨-e)	l'emploi du temps
die Mathematik = Mathe	les math(ématiques)
die Sprache(n)	la langue
die Fremdsprache(n)	la langue étrangère
die Muttersprache(n)	la langue maternelle
Deutsch/Englisch/ Französisch/ Spanisch	l'allemand/l'anglais/ le français/ l'espagnol
die Physik	la physique
die Chemie	la chimie
die Biologie	la biologie
die Naturwissenschaft(en)	les sciences naturelles
die Geschichte	l'histoire
die Erdkunde	la géographie
die Kunst	l'art
die Musik	la musique
das Zeichnen	le dessin
das Werken	le travail manuel
der Sport(unterricht)	l'éducation physique, le sport
der Kandidat(en-en)	le candidat
das Examen(-), die Prüfung(en)	l'examen
schriflich	écrit
mündlich	oral
der (Schul)abschluß(¨-sse)	l'examen de fin d'études
das Abiturzeugnis(se)	le diplôme de baccalauréat
das Abitur	le baccalauréat
bestehen(bestand-bestanden)	réussir
die Universität(en)	l'université, la faculté
die Uni(s)	la fac
die Hochschule(n)	l'école supérieure
sich ein/schreiben (ie-ie)	s'inscrire
sich immatrikulieren	s'inscrire dans une université
die Immatrikulation(en)	l'inscription à l'université
studieren	faire ses études
der Student(en-en)	l'étudiant
das Studium(-ien)	les études
das Semester(-)	le semestre
die Vorlesung(en)	le cours magistral
das Stipendium(ien)	la bourse (d'études)
der Stipendiat(en-en)	le boursier

La première université allemande a été fondée à Prague *(Prag)* en 1346. Ensuite il y eut celles de *Heidelberg* (1383) et de *Tübingen* (1477).
Le « Numerus Clausus » est le système qui limite dans l'enseignement supérieur l'accès à certaines disciplines pour lesquelles il y a trop de demandes.

Notez :
Was steht auf dem Lehrplan dieses Jahr ? Qu'y a-t-il au programme cette année ? *bei einer Prüfung durchfallen(ä, ie-a)**, échouer à un examen ; *an* ou *auf die Uni gehen(i-a)**, aller à la fac.

In der Schule / *À l'école*
Im Klassenzimmer / *En classe*

die Klasse(-n)	la classe
das Klassenzimmer(-), der Raum(¨-e) 2	la salle de classe
das Lehrerzimmer(-)	la salle des professeurs
das Labor(e)	le laboratoire
das Sprachlabor(e)	le laboratoire de langues
die Tafel(n) 3	le tableau
die Kreide(n)	la craie
der Schwamm(¨-e)	l'éponge
der Schreibtisch(e) 4	le bureau
das Lehrbuch(¨-er)	le manuel
das Schulbuch(¨-er)	le livre d'école
der Platz(¨-e)	la place
das Pult(e)	le pupitre
das Wörterbuch(¨-er)	le dictionnaire
die Schulmappe(n)	le cartable, la serviette
das Heft(e) 5	le cahier
das Ringbuch(¨-er)	le classeur
das Blatt(¨-er)	la feuille
die Liste(n)	la liste
das Federmäppchen(-)	la trousse
der Füller(-) 6	le stylo
der Kugelschreiber(-), der Kuli *(fam)* 7	le stylo (bille)
der (Radier)gummi(s)	la gomme
der Bleistift(e) 8	le crayon
der Filzstift(e)	le feutre
der Anspitzer(-)	le taille-crayon
der Klebestreifen(-), der Tesafilm	le ruban adhésif, le Scotch
der Zirkel(-)	le compas
das Lineal(e)	la règle
der Taschenrechner(-)	la calculette
die Pause(n)	la récréation
der (Pausen)hof(¨-e)	la cour (de récréation)
die Klingel(n)	la sonnerie
klingeln	sonner
der Klassenausflug(¨-e)	l'excursion avec la classe

On dit :
an die Tafel schreiben, écrire au tableau ;
die Tafel ab/wischen, essuyer le tableau ;
auf den Hof gehen(i-a), aller dans la cour ;
an seinen Platz zurück/gehen(i-a), retourner à sa place.

Remarquez la notation allemande (les notes vont de 1 à 6) :
1 : sehr gut (très bien)
2 : gut (bien)
3 : befriedigend (satisfaisant)
4 : ausreichend (passable)
5 : mangelhaft (insuffisant)
6 : ungenügend (faible)

Après l'école élémentaire les élèves ont le choix entre plusieurs possibilités, mais la plupart suivent d'abord 2 classes d'orientation : *Klasse 5 und 6 = die Orientierungsstufe* (le cycle d'orientation) avant de se décider.

Reisen

21

Voyager

Reisen ◆ Voyager

die Reise(n)	le voyage
reisen*	voyager
verreisen*	partir en voyage
der Reisende(n) 1 **ein Reisender**	le voyageur
der Fahrgast(¨-e)	le voyageur, le passager
der Urlaub(e)	le congé
die Ferien *(plur)*	les vacances
das Reisebüro(s)	l'agence de voyages
die Pauschalreise(n)	le voyage organisé
der Verkehrsverein(e)	le syndicat d'initiative
sich erkundigen	se renseigner
die Auskunft(¨-e)	le renseignement
buchen	réserver
bestätigen	confirmer
der Reiseführer(-)	le guide touristique
die Strecke(n)	le parcours, la distance
die Reiseroute(n)	l'itinéraire
der Aufenthalt(e)	le séjour
die Fahrt(-en)	le trajet
die Abfahrt(en)	le départ
die Ankunft(¨-e)	l'arrivée
ab/fahren(ä, a-u)*	partir (avec un véhicule)
an/kommen(a-o)*	arriver
ein/steigen(ie-ie)*	monter
aus/steigen(ie-ie)*	descendre
der Koffer(-) 2	la valise
packen	faire ses bagages
seine Koffer packen	faire ses valises
der Rucksack(¨-e)	le sac à dos
das Gepäck	les bagages
der Schalter(-)	le guichet
die Fahrkarte(n)	le billet
die Rückfahrkarte(n)	le billet aller-retour
die Verspätung(en)	le retard
der Zoll(¨-e)	la douane
der Zollbeamte(n), ein Zollbeamter	le douanier
um/steigen(ie-ie)*	changer
der Wartesaal(-säle)	la salle d'attente
den Zug verpassen	rater, manquer le train

Quand vous dites :
Ich fahre in Urlaub (Je pars en vacances), on vous souhaite : *Gute Reise !* (Bon voyage !)

À la frontière on vous demandera peut-être :
Haben Sie etwas zu verzollen ? Avez-vous quelque chose à déclarer ?

On dit :
das Gepäck aufgeben(a-e), faire enregistrer les bagages.
seine Fahrkarte lösen, prendre son billet.

Die DZT : Deutsche Zentrale für Tourismus (centrale allemande pour le tourisme) développe le tourisme allemand au niveau international.
Jusqu'à l'âge de 27 ans on a la possibilité de loger dans les auberges de jeunesse : *« die Jugendherberge »,* il y en a 560 !

Verkehrsmittel ◆ *Les moyens de transport*

die Eisenbahn(en)	le chemin de fer, la voie ferrée
die Deutsche Bundesbahn (= die DB)	les chemins de fer fédéraux allemands
der Zug(¨-e)	le train
der D-Zug(¨-e)	l'express
der Schnellzug(¨-e)	le rapide
der Inter-City-Zug(¨-e)	le train Inter-City
der Autoreisezug(¨-e)	le train auto-couchettes
der Wagen(-), der Waggon(s)	le wagon, la voiture
der Schlafwagen(-)	le wagon-lit
das Abteil(e)	le compartiment
der Schaffner(-), der Kontrolleur(e)	le contrôleur
der Zugführer(-)	le chef de train
der Bahnhof(¨-e)	la gare
der Bahnsteig(e)	le quai
das Gleis(e)	la voie
an/halten(ä, ie-a)	s'arrêter
das Flugzeug(e) 3	l'avion
fliegen(o-o)*	voler, prendre l'avion
der Flug(¨-e)	le vol
der Flughafen(¨-)	l'aéroport
die Flugkarte(n) 4	le billet d'avion
die Startbahn(en) 5	la piste d'envol
starten* 6	décoller
landen* 7	atterrir
die Mannschaft(en)	l'équipage
der Pilot(en-en)	le pilote
der Steward(s)	le steward
die Stewardeß(ssen) 8	l'hôtesse de l'air
der Fluggast(¨-e), der Passagier(e)	le passager (en avion)
das Schiff(e)	le bateau
die Fähre(n)	le bac, le ferry-boat
der Hafen(¨-)	le port

On dit :
mit der Eisenbahn ou *mit dem Zug fahren(ä, u-a)**, prendre le train.

Le *Inter-City-Zug* est un train très rapide reliant entre elles 35 villes d'Allemagne.

Le *D-Zug* est *ein durchgehender Zug* (un train direct).

À la gare vous entendrez :
Bitte zurücktreten ! Reculer s'il vous plaît.
Der Zug aus Bonn hat Einfahrt auf Gleis 3b. Le train en provenance de Bonn entre en gare sur le quai 3b.
Der Zug aus Hamburg hat 15 Minuten Verspätung. Le train en provenance de Hambourg a 15 minutes de retard.
Zwei Minuten Aufenthalt ! Deux minutes d'arrêt !

Et à l'aéroport :
Der Flug ist ausgebucht. Le vol est complet.

Dans l'avion :
Meine Damen und Herren, wir bitten Sie, sich anzuschnallen und das Rauchen einzustellen. Mesdames et Messieurs, nous vous prions de bien vouloir attacher vos ceintures et d'éteindre vos cigarettes.

AUTOBAHN
12
1
10
7
2
3
4
6
5

Auf der Straße

22

Sur la route

Fahrer und Fahrzeuge ◆ Conducteurs et véhicules

das Fahrzeug(e)	le véhicule
das Auto(s) 1	l'auto
der Wagen(-)	la voiture
der Pkw(s)	la voiture de tourisme
der Kombi(s), der Kombiwagen(-)	le break
der Wohnwagen(-)	la caravane
der Gebrauchtwagen(-)	la voiture d'occasion
fahren(ä, u-a)*	aller, se déplacer (véhicule)
(der Auto)fahrer(-)	l'automobiliste, le conducteur
der Kraftfahrer(-)	le chauffeur de poids lourd
das Steuer(-) 2	le volant, la direction
am Steuer sitzen(a-e)	être au volant
der Sitz(e)	le siège
der Motor(en) 3	le moteur
der Gang(¨-e)	la vitesse
in Gang setzen	mettre en marche
der Anlasser(-)	le démarreur
bremsen	freiner
die Bremse(n)	le frein
das Rad(¨-er) 4	la roue
der Reifen(-) 5	le pneu
die Karrosserie(n) 6	la carrosserie
der Rückspiegel(-) 7	le rétroviseur
der Blinker(-) 8	le clignotant
der Sicherheitsgurt(e)	la ceinture de sécurité
sich anschnallen	mettre sa ceinture (de sécurité)
das Fahrrad(¨-er)	la bicyclette
der Radfahrer(-)	le cycliste
rad/fahren(ä, u-a)*	faire du vélo
mit dem Rad fahren*	aller en vélo
das Mofa(s)	le cyclomoteur
das Moped(s)	le vélomoteur
das Motorrad(¨-er) 9	la moto
der Motorradfahrer(-)	le motocycliste
der Sturzhelm(e)	le casque
der Lkw (Lastkraftwagen), das Lastwagen(-), der Laster 10	le camion
der (Auto)bus(se)	l'autobus
der Reisebus(se)	l'autocar
das Taxi(s)	le taxi
der Führerschein(e)	le permis de conduire

der Pkw = der Personenkraftwagen.

Voici d'autres noms qui sont utiles à connaître quand on voyage en voiture en Allemagne :
die Stoßstange, le pare-choc ; *die Windschutzscheibe,* le pare-brise ;
der Scheinwerfer, le phare ; *das Rücklicht,* le phare arrière ;
der Scheibenwischer, l'essuie-glace ; *der Auspuff,* le tuyau d'échappement ;
die Antenne, l'antenne ; *das Heck,* l'arrière de la voiture ;
der Kofferraum, le coffre ; *das Nummernschild,* la plaque minéralogique.

On dit :
Dieses Modell hat fünf Gänge. Ce modèle a cinq vitesses.
in den Zweiten Gang schalten, passer en seconde.
Ich habe einen Platten. J'ai crevé.

Verkehr ◆ La circulation

der Verkehr	la circulation
die Straße(n) 11	la rue, la route
die Bundesstraße(n)	la nationale
die Nebenstraße(n)	la départementale
die Einbahnstraße(n)	la rue à sens unique
die Autobahn(en)	l'autoroute
das Autobahnkreuz(e), das Autobahndreieck(e)	l'échangeur
die Gebühr(en)	le péage
die Einfahrt(en)	l'entrée
die Ausfahrt(en)	la sortie
die Kurve(n) 12	le virage
das (Verkehrs) schild(er) 13	le panneau
die Raststätte(n)	le relais d'autoroute
die Ampel(n)	le feu
sich verfahren(ä, u-a)	se tromper de route, se perdre (en roulant)

langsamer fahren (ä, u-a)	ralentir
beschleunigen	accélérer
sich ein/ordnen	se mettre dans la bonne file
überholen	dépasser, doubler
überfahren(ä, u-a)	renverser, écraser
der Unfall(¨-e)	l'accident
das Opfer(-)	la victime
der Strafzettel(-), die Geldstrafe(n)	la contravention, l'amende
verbrauchen	consommer
das Benzin	l'essence
tanken	prendre de l'essence
voll/tanken	faire le plein
die Tankstelle(n)	la station-service
der (Verkehrs)stau(s), die Stockung(en) 14	l'embouteillage, le bouchon
Vorfahrt haben	avoir la priorité
die Vorfahrtstraße(n)	la route prioritaire

Voici quelques panneaux de signalisation :

Halteverbot — Verbotene Fahrtrichtung — Kreisverkehr — Überholverbot — über 45 verboten — links oder geradeaus

On dit :

eine rote Ampel überfahren(ä, u-a), brûler un feu rouge ;
bei rot/gelb/grün, au rouge/à l'orange/au vert ;
geradeaus fahren(ä, u-a), aller tout droit ;
rechts/links ab/biegen(o-o), tourner à droite/gauche.
Er fährt zu riskant. Il prend trop de risques.

Notez que les verbes *überfahren* et *überholen* ont une particule inséparable :
Dieser Wagen hat uns überholt und dann einen Hund überfahren.

DISKOTHEK
STRANDHOTEL
CAMPINGPLATZ
DAS THEATER
4
5
6
8
2

Die Freizeit

23

Les loisirs

Spiele und Hobbys ◆ Jeux et passe-temps

die Freizeit	les loisirs
das Hobby(s), die Freizeit-beschäftigung(en)	le hobby, le passe-temps
spielen	jouer
das Spiel(e)	le jeu
das Spielzeug(e)	le jouet
der Spieler(-)	le joueur
sich unterhalten(ä, ie-a)	se distraire, se divertir
die Unterhaltung(en)	la distraction, le divertissement
sich amüsieren	s'amuser
sich langweilen	s'ennuyer
der Spaß(¨-e)	l'amusement, le divertissement
lustig, witzig	amusant
basteln, werken	bricoler
der Bastler(-)	le bricoleur
das Foto(s) das Bild(er)	la photo
das Dia(s)	la diapositive
der Fotoapparat(e), die Kamera(s)	l'appareil photo
die Filmkamera(s)	la caméra
fotografieren	photographier
knipsen *(fam)*	photographier
die Karte(n) 1	la carte
das Damespiel(e) 2	le jeu de dames
der Würfel(-)	le dé
würfeln	lancer le dé
das Schachspiel(e) 3	les échecs
das Modell(e)	la maquette
der Modellbau	le modélisme
die Briefmarke(n)	le timbre (poste)
das Album(Alben)	l'album
Briefmarken sammeln	collectionner des timbres
der Computer(-)	l'ordinateur
der Chip(s)	la puce (informatique)
die Software(s)	le logiciel
die Diskette(n)	la disquette
löschen	effacer
stricken	tricoter
tanzen gehen(ging-gegangen)*	aller danser
bummeln	flâner
der Schaufenster-bummel (-)	le lèche-vitrines
kochen	cuisiner

Voici encore quelques jeux de société :
der Skat (le skat), plus connu en Allemagne qu'en France, se joue à trois avec 32 cartes.
Un autre jeu que les Allemands affectionnent particulièrement est *das « Mensch-ärgere-dich-nicht »-Spiel* qui se joue sur une planche sur laquelle on avance des pions *(der Stein(e))* après avoir lancé un dé.

On dit :

Willst du Schach spielen ?	Veux-tu jouer aux échecs ?
Wir spielen Karten.	Nous jouons aux cartes.
Er spielt am Computer.	Il joue à l'ordinateur.

Ferien ◆ *Les vacances*

die Ferien *(plur)*, **der Urlaub**	les vacances, le congé
in Ferien/in Urlaub fahren(ä, u-a)*	partir en vacances
reisen*	voyager
verreisen*	partir en voyage
der Reisende(n) ein Reisender	le voyageur
die Reise	le voyage
die Pauschalreise(n)	le voyage organisé
der Reiseführer(-)	le guide
sich erholen, sich aus/ruhen	se reposer
gute Erholung !	reposez-vous bien !
der Tourist(en)	le touriste
das Hotel(s)	l'hôtel
der Aufenthalt(e)	le séjour
der Ausflug(¨-e)	l'excursion
wandern*	faire une randonnée
ins Ausland fahren (ä,u-a)*	partir à l'étranger
die Besichtigung(en)	la visite
besichtigen	visiter
die Gegend(en)	la région, la contrée
in die Berge fahren (ä, u-a)*	aller en montagne
aufs Land fahren*	aller à la campagne
ans Meer fahren*	aller à la mer
zelten	camper
das Zelt(e)	la tente
der Campingplatz(¨-e) 4	le terrain de camping
der Strand(¨-e) 5	la plage
am Strand liegen(a-e)	être allongé sur la plage
baden 6	se baigner
die Badehose(n) 7	le maillot de bain
surfen	faire du surf
das Wellenreiten	le surf
das Surfbrett(er) 8	la planche de surf
segeln*	faire de la voile
das Segelboot(e) 9	le bateau à voile
Wasserski* fahren (ä, u-a)	faire du ski nautique
braungebrannt	bronzé

Les Allemands sont considérés comme *Weltmeister im Reisen* (champions du monde du voyage). Depuis la réunification le nombre d'Allemands de l'ex-RDA qui se déplacent augmente et les voyages organisés se font de plus en plus fréquents.

Une expression :
eine Fahrt ins Blaue, un voyage-surprise (un voyage dont on ne connaît pas le but).

Schauspiele ◆ *Les spectacles*

das Schauspiel(e)	le spectacle
der Schauspieler(-)	l'acteur
eine Rolle spielen	jouer un rôle
die Probe(n)	la répétition
die Vorstellung(en)	la séance, la représentation
die Aufführung(en)	la représentation
die Erstaufführung(en)	la première
reservieren	réserver
das Programm(e)	le programme
die Besetzung(en)	la distribution
der Regisseur(e)	le metteur en scène
das Theater(-)	le théâtre
ins Theater gehen (ging-gegangen)	aller au théâtre
die Garderobe(n)	le vestiaire
die Bühne(n)	la scène
der Vorhang(¨-e)	le rideau
der Zuschauer(-)	le spectateur
das Publikum	le public
die Reihe(n)	le rang
die Loge(n)	la loge
die Platz-anweiserin(nen)	l'ouvreuse
die Pause(n)	l'entracte
die Inszenierung(en)	la mise en scène
der Auftritt(e)	l'entrée en scène
das Drama(-men)	le drame
die Tragödie(n), das Trauerspiel(e)	la tragédie
die Komödie(n), das Lustspiel(e)	la comédie
das Theaterstück(e)	la pièce de théâtre
die Oper(n)	l'opéra
die Operette(n)	l'opérette
das Konzert(e)	le concert
das Ballett(e)	le ballet
der Tänzer(-)	le danseur, la danseuse
der Zirkus(se)	le cirque
der Clown(s)	le clown
das Kino(s)	le cinéma

Pour être renseigné sur les représentations théâtrales ou les films on peut, dans la rue, regarder sur *die Litfaßsäule(n)* (l'équivalent allemand des colonnes Morris), appelées ainsi selon le nom de leur inventeur : *Ernst Litfaß,* en 1855.

On dit :
Ich werde die Karten besorgen. Je m'occupe des billets.

Le théâtre commence en général entre 19 h et 20 h. Les meilleures places sont à l'orchestre : *das Parkett(e)* ou au premier balcon : *der erste Rang.* Les moins chères sont au poulailler : *die Galerie* ou *der Olymp.*

Une expression :
Mach doch kein Theater ! N'en fais pas toute une histoire !
Voir aussi le chapitre 29, page 155 (Le cinéma).

Sport
24
Le sport
RELAX
MAX

Der Sport 1 ◆ *Le sport 1*

der Sport (Sportarten)	le sport
Sport treiben(ie-ie)	faire du sport
der Sportler(-)	le sportif, la sportive
der Klub(s), der Verein(e)	le club, l'association
trainieren	s'entraîner
das Training	l'entraînement
in (Top)form sein	être en (pleine) forme
gewinnen(a-o)	gagner
schlagen(ä, u-a)	battre
verlieren(o-o)	perdre
der Verlierer(-)	le perdant
der Sieg(e)	la victoire
den Sieg davon/tragen(ä, u-a)	remporter la victoire
der Sieger(-)	le vainqueur
der Rekord(e)	le record
die Niederlage(n)	la défaite
der Weltmeister(-)	le champion du monde
die Meisterschaft(en)	le championnat
die Mannschaft(en)	l'équipe
der Teilnehmer(-)	le participant
der Profi(s)	le professionnel
der Amateur(e)	l'amateur
der Schiedsrichter(-)	l'arbitre
die Vorschrift(en) die Spielregel(n)	le règlement
die Halbzeit(en)	la mi-temps
die Olympischen Spiele 1	les jeux Olympiques
die Medaille(n) 2	la médaille
der Pokal(e)	la coupe
der Sportplatz(¨e)	le terrain de sport
das Stadion(ien)	le stade
das Turnen, die Gymnastik	la gymnastique
turnen	faire de la gymnastique
der Ball(¨e)	la balle, le ballon
der Fußball(¨e) 4	le foot(ball), le ballon de football
das Spiel(e)	le match
der Torwart(e)	le gardien de but
das Tor(e)	le but
das Tennis	le tennis
der Tennisspieler(-)	le joueur de tennis
der Tennisplatz(¨e)	le court (de tennis)
der (Tennis)schläger(-) 5	la raquette (de tennis)
das Tischtennis	le ping-pong

Notez que le pluriel de *der Sport : die Sportarten* est un pluriel féminin.

Le sport tient une place importante en Allemagne ; un habitant sur trois fait partie d'une association sportive *(der Sportverein = der Sportverband)*. Le football est de loin le sport le plus populaire et « *der deutsche Fußballbund* » (la Fédération allemande de football) est l'association sportive qui compte le plus de membres.

On dit : *Fußball spielen,* jouer au football ; *Tennis spielen*, jouer au tennis ; *ein Tor schießen(o-o),* marquer un but.

Notez aussi, dans le domaine du tennis : *der Sandplatz(¨e)*, le court de terre battue et *aufschlagen(ä, u-a)*, servir.

Der Sport 2 ◆ *Le sport 2*

das Schwimmen 5	la natation
schwimmen(a-o)	nager
der Schwimmer(-)	le nageur
das Fahrrad(¨er)	le vélo, la bicyclette
das BMX-Rad(¨er)	le vélo-cross
das Radfahren 6	le cyclisme
rad/fahren(ä, u-a)*	faire du vélo
der Radfahrer(-)	le cycliste
das Skilaufen	le ski (sport)
Ski/laufen(äu, ie-au)*	faire du ski
der Ski(er) 7	le ski (matériel)
der Skiläufer(-)	le skieur
das Eislaufen	le patinage
der Eiskunstlauf	le patinage artistique
der Schlittschuh(e) 8	le patin à glace (chaussure)
Schlittschuh laufen(äu, ie-au)*	faire du patin à glace
der Schlittschuh-läufer(-)	le patineur, la patineuse
wandern	faire de la randonnée
der Wanderweg(e)	le chemin de randonnée
das Laufen, das Rennen 9	la course à pied
der Läufer(-)	le coureur ; le demi (football)
das Autorennen(-)	la course automobile
die Rennbahn(en)	le circuit (course automobile)
der Rennfahrer(-)	le coureur-automobile

das Segeln	le yachting
segeln	faire de la voile
der Segler(-)	le yachtman ; le voilier
das Segelboot(e)	le bateau à voile
das Surfen	le surf, la planche à voile (sport)
das Surfbrett(er)	la planche à voile
das Reiten 10	l'équitation
reiten(itt-itt)*	faire de l'équitation
der Reiter(-)	le cavalier, la cavalière
das Pferderennen(-)	la course de chevaux
die Pferderenn-bahn(en)	l'hippodrome
die Leichtathletik	l'athlétisme
der Leichtathlet(en-en)	l'athlète
der Sprung(¨e)	le saut
der Hochsprung(¨e) 11	le saut en hauteur
springen(a-u)*	sauter
das Boxen 12	la boxe
der Ring(e)	le ring
der Boxer(-)	le boxeur
das Ringen	la lutte
der Ringer(-)	le lutteur
das Judo	le judo
der Judoka(s)	le judoka
der Gürtel(-)	la ceinture
das Fechten	l'escrime
fechten	faire de l'escrime

Notez le singulier *der Wintersport,* les sports d'hiver.

Quelques expressions qu'il faut connaître dans le domaine de la natation :
den toten Mann machen, faire la planche ;
Brust schwimmen, nager la brasse ;
Rücken schwimmen, nager sur le dos.

Das Morgenblatt
die wichtigsten Ereignisse
die besten Fotos
die interessantesten
Reportagen
die größte Auflage
LOKALPRESSE
ILLUSTRIERTEN
1
MARILYN
6
LEBT IMMER
NOCH

Massenmedien

25

Les medias

Die Presse ◆ La presse

die Pressefreiheit	la liberté de presse
die Presseschau	la revue de presse
die Pressekonferenz(en)	la conférence de presse
die Presseagentur(en)	l'agence de presse
die Objektivität	l'objectivité
der Journalist(en-en) 1	le journaliste
der Korrespondent (en-en)	le correspondant
der Reporter(-)	le reporter
dabei sein	assister à, être sur les lieux
die Reportage(n)	le reportage
der Artikel(-) 2	l'article
der Titel(-), die Überschrift(en)	le titre
die Schlagzeile(n) 3	le gros titre
die Nachricht(en)	la nouvelle
die Nachrichten aus aller Welt	les faits divers
die Anzeige(n), das Inserat(e) 4	la petite annonce
die Zeitung(en) 5	le journal
die Boulevardpresse, die Regenbogenpresse 6	la presse à sensation
die Tageszeitung(en), das Tageblatt(¨er)	le quotidien
die Wochenzeitung(en), das Wochenblatt(¨er)	l'hebdomadaire
die Zeitschrift(en)	le périodique, la revue
die Monatszeitschrift(en)	le mensuel
die Illustrierte(n)	l'illustré
das Magazin(e)	le magazine
die Auflage(n)	le tirage
drucken	imprimer
veröffentlichen	publier
erscheinen(ie-ie)	paraître
lesen(ie, a-e)	lire
der Leser(-)	le lecteur
das Abonnement(s)	l'abonnement

Les journaux les plus importants sont : *die Welt* (conservateur) et *die Frankfurter Allgemeine Zeitung* (conservateur-libéral).
Il y a également deux autres journaux régionaux à très large diffusion : *die Süddeutsche Zeitung* (libéral) ; *die Frankfurter Rundschau* (libéral de gauche).
Le grand magazine d'information *(das Nachrichtenmagazin) der Spiegel* s'est modelé au départ sur le magazine américain « Time ». Son tirage tourne aujourd'hui autour d'un million d'exemplaires.
Deux hebdomadaires *(das Wochenblatt)*, dont un journal du dimanche *(die Sonntagszeitung)* viennent en tête par leur tirage : *Bild am Sonntag* (2,3 millions d'exemplaires) ; *die Zeit* (environ 500 000 exemplaires).
Notez : *ein Inserat aufgeben(i, a-e)*, faire passer une petite annonce ; *eine Zeitschrift abonnieren*, s'abonner à une revue.

Radio, Fernsehen und Video ◆ La radio, la télévision et la vidéo

das Radio(s) 7	la radio
der Rundfunk	la radiodiffusion
der Fernseher(-) 8	le poste de télévision
an/drehen, an/stellen	allumer
aus/drehen, aus/stellen	éteindre
das Farbfernsehen	la télévision couleur
das Kabelfernsehen	la télévision par câble
im Fernsehen	à la télévision
Radio hören	écouter la radio
fern/sehen(ie, a-e)	regarder la télévision
der Bildschirm(e)	l'écran
das Programm(e)	la chaîne
um/schalten	changer de chaîne
die Sendung(en)	l'émission
senden	diffuser
die Tagesschau	le journal (à la télé)
die Nachricht(en)	la nouvelle, l'information
die Nachrichten hören	écouter les informations
die Wetterkarte(n)	la météo
der Zuhörer(-)	l'auditeur
der Fernsehzuschauer(-)	le téléspectateur
die Werbung	la publicité
der Werbespruch(¨-e)	le slogan publicitaire
der Kassettenrekorder(-)	le magnétophone à cassettes
die Videokassette(n) 9	la cassette vidéo
der Videorekorder(-) 10	le magnétoscope
auf/nehmen(i, a-o)	enregistrer
die Aufnahme(n)	l'enregistrement
die (Schall)platte(n) 11	le disque
der Plattenspieler(-)	la platine
die Hifianlage(n)	la chaîne Hi-fi
eine Platte auf/legen	mettre un disque
die CD-Platte(n)	le disque compact
die Stimme(n)	la voix

Notez que *der Rundfunk* désigne à la fois :
der Hörfunk (la radiodiffusion) et *das Fernsehen* (la télévision).
Au moment des informations à la radio vous pourrez entendre :
Sie hören Nachrichten. Et voici nos informations.
Zunächst die Übersicht. D'abord une vue d'ensemble.
Die Meldungen im einzelnen. Le détail des informations.
Meldungen zur Verkehrslage. Informations sur l'état de la circulation.
Die nächsten Nachrichten um 14Uhr30 les prochaines informations à 14 h 30.

En RFA il y a trois chaînes de télévision publiques : *das erste Programm (ARD), das zweite Programm (ZDF : zweites deutsches Fernsehen), das dritte Programm* (chaîne de type régional).

On dit :
vor dem Bildschirm sitzen (a-e), être assis devant le petit écran ;
im ersten, zweiten Programm, sur la première, deuxième chaîne ;
sich eine Sendung an/schauen, regarder une émission ;

SCHLUß MIT DER UMWELTVERSCHMUTZUNG !!
KEINE ZERSTÖRUNG DER OZONSCHICHT!
KEINE ATOMMÜLLDEPONIEN
STOPPT DIE ÖKO-KRISE
HALT DEM SÄUREREGEN
DIE GRÜNEN

Aktuelle Themen

26

Thèmes actuels

Umweltschutz ◆ La protection de l'environnement

die Umwelt	l'environnement
der Umweltschützer(-)	l'écologiste
die Umwelt-verschmutzung(en)	la pollution
das Kohlen-dioxid(CO2)	le gaz carbonique
die Ölpest	la marée noire
der Abfall(¨-e), der Müll	les déchets
die industriellen Abgase *(plur)*	les effluents gazeux industriels
das Düngemittel(-)	l'engrais
das Pestizid(e)	le pesticide
giftig	toxique
die Verseuchung(en)	la contamination
verseuchen	contaminer
das Verseuchen der Trinkwasserreserven	la contamination des réserves d'eau potable
die Regenwald-zerstörung(en)	la destruction de la forêt tropicale
das Abholzen der Wälder	le déboisement des forêts
die gefährdete Planet	la planète menacée
das Weißblech-Recycling	le recyclage du fer blanc
die Klima-katastrophe(n)	la catastrophe climatique
die Ozonschicht(en)	la couche d'ozone
die Abnahme der Ozonschicht	la diminution de la couche d'ozone
das Ozonloch(¨-er)	le trou dans la couche d'ozone
der Treibhauseffekt	l'effet de serre
die Erwärmung der Ozeane	le réchauffement des océans
die radioaktiven Niederfälle	les retombées radioactives
die bedrohte Tierwelt	le monde animal menacé
die bedrohte Tierart(en)	l'animal en voie de disparition
der Walfang	la pêche à la baleine
die alternativen Energien	les énergies « alternatives »
der Vorbote(n-n)	le signe précurseur
der Säureregen	les pluies acides
bleifrei	sans plomb
verbleit	avec plomb
umweltfreundlich	écologique
die Endzeit, das Weltende	la fin du monde, l'apocalypse
das Waldsterben	le dépérissement de la forêt
die Atomkatastrophe	la catastrophe atomique

Le problème de l'environnement est le problème numéro 1 pour beaucoup d'Allemands. Voici quelques conseils donnés par des organismes de sauvegarde de l'environnement :

– *Kaufen Sie keine Spraydosen mit Treibgas.* N'achetez pas d'aérosols contenant un gaz propulseur.

– *Benützen Sie keine Plastiktüten.* N'utilisez pas de sacs en plastique.

– *Zum Zigarettenholen : Fahrrad benützen oder... zu Fuß gehen.* Pour aller chercher vos cigarettes prenez votre vélo ou... allez-y à pied.

– *Bringen Sie altes Glas und alte Zeitungen zum Recycling.* Jetez le verre usagé et les vieux journaux dans les containers de recyclage.

Soziale Phänomene und Probleme ◆ Phénomènes et problèmes sociaux

die Dritte Welt	le Tiers-Monde
unterentwickelt	sous-développé
die Hungersnot(¨-e)	la famine
die Übervölkerung	la surpopulation
die Überalterung der Bevölkerung	le vieillissement de la population
der Obdachlose(n), ein Obdachloser	le sans-abri
die Arbeitslosigkeit	le chômage
die Gewalt	la violence
der Terrorismus	le terrorisme
der Terrorist(en-en)	le terroriste
die Bekämpfung des Terrorismus	la lutte contre le terrorisme
die Unterwelt	la pègre
die Droge(n) das Rauschgift(e)	la drogue
drogensüchtig sein	être drogué
der Drogensüchtige(n), ein Drogensüchtiger	le drogué, le toxicomane
die Überdosis(-dosen)	l'overdose
die Antidrogen-kampagne(n)	la campagne anti-drogue
der Drogenhandel	le trafic de drogue
der Dealer(-)	le trafiquant
der Alkoholiker(-) 1	l'alcoolique
die Frauenbefreiung	la libération de la femme
die Frauen-bewegung(en)	le MLF (mouvement de libération de la femme)
die Empfängnis-verhütung	la contraception
die Abtreibung	l'avortement
der Sexismus	le sexisme
die Prostitution	la prostitution
der Flüchtling(e)	le réfugié
der Asylant(en-en)	le demandeur d'asile
der Aussiedler(-)	le rapatrié
der Ausländer(-)	l'étranger
der Rassismus	le racisme
die Bürgerinitiative(n)	l'action entreprise par des citoyens pour défendre une cause
die Alternativen	les Alternatifs
die Grünen	les Verts
die Gewaltfreiheit	la non-violence
die Friedens-bewegung(en)	le mouvement pour la paix
die Entspannungs-politik	la politique de détente
die Abrüstung(en)	le désarmement
der Wandspruch(¨-e) 2	le graffiti
das Altwerden der Bevölkerung	le vieillissement de la population

Die Alternativen sont des gens qui tentent de vivre autrement.
Die Grünen est le nom du parti écologique allemand.
Ces mouvements apparus plus tôt qu'en France ont connu une grande audience et ont pu ainsi influer sur certaines décisions politiques.
Il y a en Allemagne un grand nombre d'étrangers : surtout des Turcs, mais aussi des Yougoslaves et des Italiens.
Beaucoup d'Allemands sont à leur égard *ausländerfreundlich,* mais certains sont *ausländerfeindlich* et des comportements racistes apparaissent comme dans les autres pays européens.

5
3

Die Sprache

27

Le langage

Reden ◆ La parole

reden, sprechen (i, a-o)	parler
deutsch/englisch sprechen	parler l'allemand/ l'anglais
die Sprache(n)	la langue, le langage
die Muttersprache(n)	la langue maternelle
die Umgangsprache(n)	la langue usuelle
die Fremdsprache(n)	la langue étrangère
zweisprachig/ dreisprachig	bilingue/trilingue
der Dialekt(e), die Mundart(en)	le dialecte
die Vokabel(n)	le mot, le vocable
das Vokabular(e)	le vocabulaire
das Vokabelheft(e)	le carnet de vocabulaire
übersetzen	traduire
ins Deutsche übersetzen	traduire en allemand
die Übersetzung(en)	la traduction
die Simultan-übersetzung(en)	la traduction simultanée
der Übersetzer(-)	le traducteur
dolmetschen	servir d'interprète, traduire (oralement)
der Dolmetscher(-)	l'interprète
aus/sprechen(i, a-o)	prononcer
die Aussprache(n)	la prononciation
(un)deutlich	(in)distinct
schweigen(ie-ie)	se taire
flüstern 1	chuchoter
murmeln	murmurer
rufen(ie-u)	appeler
schreien(ie-ie) 2	crier
heulen	hurler
stottern	bégayer

Goethe a dit : « *Wer fremde Sprachen nicht kennt, weiß nichts von seiner eigenen* ». Qui ne connaît pas les langues étrangères, ne connaît rien à sa propre langue.

L'allemand est la langue de plus de 100 millions de personnes ; il est parlé en Allemagne, en Autriche, en Suisse et au Liechtenstein. Cette langue est caractérisée par la vivacité des dialectes : un Hambourgeois et un Bavarois parlant leur dialecte auront du mal à se comprendre.
La langue qui s'enseigne à l'école est le *Hochdeutsch* (le haut-allemand). Si vous entendez que l'on vous parle dialecte et que vous ne comprenez pas, dites alors : *Bitte, sprechen Sie hochdeutsch !*

Remarquez que le verbe *übersetzen* a une particule inséparable : *Viele Bücher werden in andere Sprachen übersetzt.* On traduit beaucoup de livres en d'autres langues.

À l'école on ne distingue pas par deux mots différents la version et le thème. On dit : *in die eigene Sprache übersetzen* ou *in eine Fremdsprache übersetzen.*

Das Gespräch ◆ *La conversation*

das Gespräch(e)	la conversation
ein Gespräch führen	avoir une conversation
sich unterhalten (ä, ie-a)	parler, s'entretenir
die Unterhaltung(en)	l'entretien
diskutieren 3	discuter
die Diskussion(en)	la discussion
reden	parler
die Rede(n)	le discours
eine Rede halten (ä, ie-a)	faire un discours
es ist die Rede von(+dat)	il est question de
es handelt sich um(+acc)	il s'agit de
das Wort(¨er)	le mot
das Wort(e)	les paroles
das Wort ergreifen (iff-iff)	prendre la parole
jdm ins Wort fallen (ä, ie-a)*	couper la parole à qqn
unterbrechen(i, a-o)	interrompre
jdm das Wort überlassen(ä, ie-a)	passer la parole à qqn
sagen	dire
erzählen von(+dat)	raconter, parler
plaudern	bavarder
fragen	demander
er hat mich nach dem Weg gefragt	il m'a demandé son chemin
die Frage(n)	la question
bitten(a-e) 4	demander (au sens de prier)
ich bitte dich zu kommen	je te prie de venir
antworten(auf +acc)	répondre
die Antwort(en)	la réponse
beantworten *(COD nécessaire)*	répondre
eine Frage beantworten	répondre à une question
informieren	informer
behaupten	prétendre
erklären	expliquer, déclarer
die Erklärung(en)	l'explication, la déclaration
mit/teilen	signaler, communiquer
erlauben	autoriser
verbieten(o-o)	interdire
wiederholen	répéter
ein/wenden(wandte, gewandt)	objecter
erwähnen	mentionner
entgegnen, erwidern	répliquer
schließen(o-o)	conclure
der Schluß(¨sse)	la conclusion

Remarquez que les verbes *unterbrechen* (interrompre) et *wiederholen* (répéter) ont une particule inséparable : *Die Lehrerin hat das Wort mehrmals wiederholt.*

Voici quelques mots-amis faciles à retenir : *das Alibi(s),* l'alibi ; *die Allee(n),* l'allée ; *die Allianz(en),* l'alliance ; *der Bandit(en-en),* le bandit ; *die Karaffe(n),* la carafe ; *das Manuskript(e),* le manuscrit ; *das Négligé(s),* le négligé, le déshabillé ; *der Refrain(s),* le refrain ; *der Salon(s),* le salon de beauté ; *der Zickzack(e),* le zigzag.

Meinungsverschiedenheiten ◆ *Divergences d'opinions*

wahr	vrai
nicht wahr ?	n'est-ce pas ?
falsch	faux
kritisieren	critiquer
die Kritik(en)	la critique
meinen	être d'avis
die Meinung(en)	l'avis, l'opinion
meiner Meinung nach	d'après moi
empfehlen(ie, a-o)	recommander
hin/weisen(ie-ie)	indiquer, attirer l'attention
er hat mich darauf hingewiesen	il a attiré mon attention sur cela
dar/stellen, dar/legen	présenter
beeinflußen	influencer
der Einfluß(üsse)	l'influence
die Ausrede(n)	l'excuse (pour se tirer d'affaire)
überreden	persuader
überzeugen	convaincre
überzeugt	convaincu
versprechen(i, a-o)	promettre
sozusagen	pour ainsi dire
es stimmt	c'est exact

vor/schlagen(ä, u-a)	proposer
einen Vorschlag machen	faire une proposition
raten(ie-a)	conseiller
der Rat(-schläge)	le conseil
das Argument(e)	l'argument
protestieren	protester
das Schimpfwort(¨-er)	le gros mot
sich streiten(itt-itt) 5	se disputer
bestreiten(itt-itt)	contester
Ehrenwort !	parole d'honneur !
warnen	avertir, mettre en garde
widersprechen(i, a-o)	contredire
die Bemerkung/en	la remarque
eine Bemerkung machen	faire une remarque
bemerken	remarquer
drohen(+dat)	menacer
übertreiben(ie-ie)	exagérer
meinetwegen	soit, je le veux bien
beurteilen	juger, apprécier
es kommt darauf an, je nachdem	ça dépend

On dit :

Sie sind verschiedener Meinung.	Ils ne sont pas du même avis.
Ich bin der Meinung, daß...	Je suis d'avis que...
Ich habe das Gefühl, daß...	J'ai l'impression que...
Er hat uns seine Ideen dargestellt.	Il nous a présenté ses idées.

Observons à partir d'un verbe simple, « *sprechen* », les variétés de sens selon la particule : *ab/sprechen,* convenir (de qqch. avec qqn) ; *an/sprechen (+acc),* adresser la parole ; *aus/sprechen,* prononcer ; *besprechen,* commenter, discuter (qqch.) ; *entsprechen (+dat),* correspondre à, être conforme à ; *versprechen,* promettre.

Notez que les verbes *überreden* (persuader), *überzeugen* (convaincre), *widersprechen* (contredire) et *übertreiben* (exagérer) ont une particule inséparable.

Die Schrift

28

L'écriture

Schriftsprache ◆ La langue écrite

das Alphabet, das Abc	l'alphabet, l'ABC
der Buchstabe(n)	la lettre, le caractère
buchstabieren	épeler
der große(n) Buchstabe(n) 1	la majuscule
der kleine(n) Buchstabe(n)	la minuscule
groß/klein schreiben(ie-ie)	écrire avec une majuscule/ minuscule
das Wort(¨-er)	le mot
das Wörterbuch(¨-er)	le dictionnaire
im Wörterbuch nach/ schauen	regarder dans le dictionnaire
der Wortschatz(¨-e)	le vocabulaire
bedeuten	signifier
die Bedeutung(en)	la signification
der Sinn(e)	le sens
der Ausdruck(¨-e)	l'expression
die Grammatik	la grammaire
das Substantiv(e), das Hauptwort(¨-er)	le nom
die Vokabel(n),	le vocable, le mot (surtout d'origine étrangère)
Vokabeln lernen	apprendre du vocabulaire
das Zeitwort(¨-er), das Verb(en)	le verbe
das Maskulinum(-na)	le masculin
das Femininum(-na)	le féminin
das Neutrum(-ra)	le neutre
abstrakt	abstrait
konkret	concret
der Satz(¨-e)	la phrase
der Umlaut(e)	l'inflexion

Voici le nom des différents signes de ponctuation :

. *der Punkt(e),* le point ;
, *der Beistrich(e), das Komma(s/mata),* la virgule ;
; *der Strichpunkt(e), das Semikolon(s/-la),* le point-virgule ;
: *der Doppelpunkt(e),* les deux points ;
... *die Auslassungspunkte,* les points de suspension ;
? *das Fragezeichen(-),* le point d'interrogation ;
! *das Ausrufungszeichen(-),* le point d'exclamation ;
(*die Klammer(n),* la parenthèse ;
( ) *in Klammer(n),* entre parenthèses ; *in Klammern setzen,* mettre entre parenthèses ; *Klammer auf !* Ouvrez la parenthèse ! *Klammer zu !* Fermez la parenthèse !
– *der Gedankenstrich(e),* le tiret ;
» « *die Anführungsstriche* (masc. pl.), les guillemets.

Literatur ◆ La littérature

der Verfasser(-), der Autor(en)	l'auteur
der Schriftsteller(-)	l'écrivain
verfassen	composer, écrire
die Abfassung(en)	la composition, la rédaction
der Herausgeber(-)	l'éditeur (d'un texte)
der Verleger(-)	l'éditeur
heraus/geben(i, a-e)	éditer
der Verlag(e)	la maison d'édition
die Ausgabe(n)	l'édition
die Gesamtausgabe(n)	l'édition complète
das Buch(¨-er) 2	le livre
das Werk(e)	l'œuvre
der Band(¨-e)	le volume
das Vorwort(e)	la préface
die Einführung(en)	l'introduction
der Schluß(¨-sse)	la conclusion
das Kapitel(-)	le chapitre
das Inhalts-verzeichnis(se)	la table des matières, le sommaire
der Auszug(¨-e)	l'extrait
der Abschnitt(e)	le passage
die Sammlung(en)	le recueil
der Stil(e)	le style
das Thema (-men/mata)	le sujet
das Zitat(e)	la citation
das Gedicht(e) 3	le poème, la poésie
der Roman(e)	le roman
der Kriminalroman(e)	le roman policier
die Novelle(n)	la nouvelle
die Erzählung(en)	le récit
die Geschichte(n)	l'histoire
das Märchen(-)	le conte
das Kindermärchen(-)	le conte pour enfants
das Tagebuch(¨-er) 4	le journal (intime)
die Poesie	la poésie (l'art)
der Dichter(-) 5	le poète
der Dialog(e)	le dialogue
die Beschreibung(en)	la description
beschreiben(ie-ie)	décrire
die Komödie(n) 6	la comédie
die Tragödie(n) 7	la tragédie

Ne pas confondre *der Verleger,* l'éditeur, c'est-à-dire *der Verlag,* la maison d'édition, et *der Herausgeber,* l'éditeur, celui qui a mis au point le texte (d'après le/les manuscrit(s), les éditions antérieures, etc.). Sur la page de titre on peut lire *« herausgegeben von* X, (texte édité par X) et en bas le nom de la maison d'édition *(der Verlag).*

On dit : *Das Buch ist im Verlag... erschienen.* Le livre est paru aux Éditions... / le livre a été édité par les Éditions...
Remarquez aussi : *die neueste Ausgabe,* la dernière édition.
On peut dire en parlant d'une pièce de théâtre ou d'un film : *Die Handlung spielt in Berlin.* L'action se passe à Berlin.

13
9
12
14
11
7

Die Kunst

29

L'art

Allgemeine Begriffe ◆ Termes d'ordre général

die Kunst(¨-e)	l'art
der Künstler(-)	l'artiste
künstlerisch	artistique
der Kunstfreund(e)	l'ami des arts
das Kunstgewerbe	les arts décoratifs, l'art industriel
der Stil(e)	le style
der Barockstil(e)	le style baroque
gotisch	gothique
romanisch	roman
rokoko	rococo
klassisch	classique
modern	moderne
das Kunstwerk(e)	l'œuvre d'art
das Meisterwerk(e), das Meisterstück(e)	le chef-d'œuvre
das Gesamtwerk(e)	l'œuvre complète
das Original(e)	l'original
originell	original
ein Gemälde kopieren	imiter, copier un tableau
das Genie(s)	le génie (être exceptionnel)
genial sein	avoir du génie
schaffen(u-a)	créer
das Talent(e)	le talent
begabt für(+acc)	doué pour
er ist musikalisch begabt	il est doué pour la musique
die Begabung(en)	le don
berühmt	célèbre
schön	beau
die Schönheit(en)	la beauté
häßlich	laid
die Häßlichkeit(en)	la laideur

Quelques remarques autour du mot *schön* :
schön a le sens de « beau » quand il est utilisé comme adjectif :
Es ist schönes Wetter. Il fait beau.
Er hat einen schönen Garten. Il a un beau jardin.

Par contre *schön* a le sens de « bien » quand il est utilisé comme adverbe :
Er schreibt schön. Il écrit bien.
Das ist schön von ihm. C'est bien de sa part.
Danke schön. Merci bien.

Die bildende Kunst ◆ Les arts plastiques

die schönen Künste	les beaux-arts
die Kunstakademie(n)	l'école des beaux-arts
die Malerei	la peinture
der Maler(-) 1	le peintre
malen	peindre
malerisch	pittoresque
die Palette(n) 2	la palette
das Bild(er), das Gemälde(-) 3	le tableau, la toile
die Gemäldegalerie(n)	la galerie de tableaux
echt	authentique
der Rahmen(-) 4	le cadre
dar/stellen	représenter
das Porträt(s/e), das Bildnis(se) 5	le portrait
die Landschaft(en) 6	le paysage
das Stilleben(-) 7	la nature morte
die Architektur(en), die Baukunst(¨e)	l'architecture
der Architekt(en-en)	l'architecte
der Jugendstil	le style 1900
die Skulptur(en) 8	la sculpture (l'œuvre)
die Bildhauerei	la sculpture (l'art)
der Bildhauer(-)	le sculpteur
das Modell(e)	le modèle, la maquette
die Zeichnung(en)	le dessin
der Zeichner(-), der Graphiker(-)	le dessinateur
die Ausstellung(en)	l'exposition
das Museum(-seen)	le musée
ein Museum besuchen	visiter un musée
die Fotografie(n)	la photographie
der Fotograf(en-en)	le photographe
fotografieren	photographier
die Kamera(s) 9	l'appareil photographique

La plus grande concentration de musées se trouve à Berlin. On peut y voir entre autres, au musée égyptien, le buste de la reine d'Égypte, Nefertiti *(Nofretete)*, de nombreux chef-d'œuvres de la peinture à la Pinacothèque de *Dahlem (die Pinakothek)*, des reconstitutions de temples grecs grandeur nature au musée *Pergamon*. La Pinacothèque de Munich *(München)* est également très célèbre.
Vous pourrez voir un musée tout à fait original à *Ulm* : le musée du pain, et celui des cartes à jouer à *Bielefeld*.

Il existe en Allemagne de nombreuses foires ; la plus anciennes est celle de Francfort *(Frankfurt am Main)*, elle date de 1240, la plus grande du monde est celle de Hannovre *(Hannover)*.

Musik ◆ La musique

die Musik	la musique
er mag nur klassische Musik	il n'aime que la musique classique
die Popmusik	la musique pop
der Musiker(-)	le musicien
er ist musikalisch	il est musicien
er ist unmusikalisch	il n'a pas l'oreille musicale
musizieren	faire de la musique
vor/tragen(ä, u-a)	interpréter, exécuter
aus dem Stegreif spielen	improviser
die Note(n)	la note
der Interpret(en-en)	l'interprète
singen(a-u)	chanter
der Sänger(-)	le chanteur
der Chor(¨-e)	le chœur
der Choral(¨-e)	la chorale
die Melodie(n)	l'air, la mélodie
das Lied(er)	la chanson, le lied
der Schlager(-)	l'air à la mode, le tube
der Jazz	le jazz
der Komponist(en-en)	le compositeur
komponieren	composer
das Orchester(-)	l'orchestre
die Kapelle(n)	le petit orchestre
die Leitung(en)	la direction
unter der Leitung von...	sous la direction de...
der Dirigent(en-en)	le chef d'orchestre
das Konzert(e)	le concert, le concerto
ins Konzert gehen (ging, gegangen)	aller au concert
die Oper(n)	l'opéra
in die Oper gehen(i-a)	aller à l'opéra
das Instrument(e)	l'instrument
das Klavier(e)	le piano
Klavier spielen	jouer du piano
die Gitarre(n) 10	la guitare
das Schlagzeug(e)	la batterie
die Geige(n), die Violine(n) 11	le violon
das Cello(s)	le violoncelle
die Flöte(n) 12	la flûte
die Querflöte(n)	la flûte traversière

En allemand on désigne les notes de musique par des lettres :

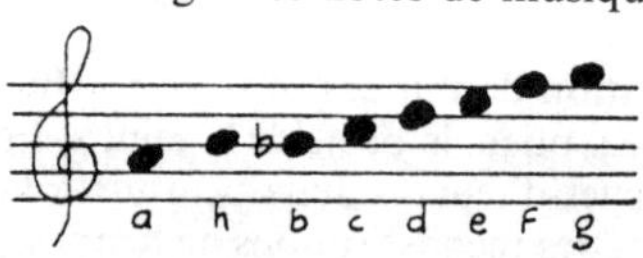

do ré mi fa sol la si do est donc *c d e f g a h c*.
Dur = majeur, *Moll* = mineur. *Bachs h-Moll-Messe* = La messe en si mineur de Bach.
On dit encore :
Cis = do dièse, *Ces* = do bémol ; *Dis* = ré dièse, *Des* = ré bémol...

Remarquez les deux sens de *das Konzert :* le « concert » et le « concerto ». On dit : *ein Violinkonzert* (un concerto pour violon).

Film ◆ Le cinéma

der Film(e)	le film, le cinéma (l'art)
einen Film vor/führen	présenter un film
der Filmklub(s)	le ciné-club
der Kurzfilm(e)	le court-métrage
der Spielfilm(e)	le long-métrage
der Stummfilm(e)	le film-muet
der Dokumentar-film(e)	le documentaire
der (Zeichen)trick-film(e)	le dessin animé
der Science-fiction-Film(e)	le film de science-fiction
der Western(-)	le western
der Krimi(s)	le film policier
der synchronisierte Film(e)	le film doublé
die Original-fassung(en)	le film en version originale
das Kino(s)	le cinéma (la salle)
ins Kino gehen(ging-gegangen)*	aller au cinéma
die Eintrittskarte(n)	le billet
die Leinwand(¨-e)	l'écran
die Reihe(n)	le rang
die Filmkamera(s) 13	la caméra
einen Film drehen	tourner un film
einen Roman verfilmen	porter un roman à l'écran
das Drehbuch(¨-er)	le scénario
der Drehbuchautor(en)	le scénariste
der Regisseur(e) 15	le metteur en scène, le réalisateur
der Produzent(en-en)	le producteur
der Hauptdarsteller(-), der Star(s) 14	la vedette, la star
der Schauspieler(-)	l'acteur
die Rolle(n)	le rôle
die Hauptrolle besetzen	tenir le rôle principal
das Atelier(s)	le studio
die Dekoration(en)	le décor
das Filmfestival(s)	le festival du cinéma

C'est dans les années 20 et au début des années 30 que le cinéma allemand a eu une renommée mondiale avec *Fritz Lang, Ernst Lubitsch, F. W. Murnau* et *G. W. Pabst.*
Après une longue période de crise, le cinéma allemand a retrouvé un essor vers 1965. C'est ce qu'on a appelé *« der junge deutsche Film »* (le jeune cinéma allemand) avec entre autres Volker Schlöndorff, R. W. Fassbinder et Wim Wenders.

Notez :
Wo läuft der neue Film von Wim Wenders ? Où passe le dernier film de Wim Wenders ?
Ein neuer Film ist angelaufen. Un nouveau film vient de sortir.

On dit :
Er ist ein begeisterter Kinogänger. C'est un passionné de cinéma.

Wissenschaften und Techniken

30

Sciences et techniques

Wissenschaften und Techniken 1 ◆ *Sciences et techniques 1*

die Wissenschaft(en)	la science
der Wissenschaftler(-) 1	le savant
die Technik(en)	la technique
technikfreundlich	ouvert à la technique
die Technologie	la technologie
das Problem(e)	le problème
lösen	résoudre
die Lösung(en)	la solution
der Beweis(e)	la preuve
das Rechnen	le calcul
rechnen	calculer
der Taschenrechner(-) 2	la calculette
die Forschung(en)	la recherche
der Forscher(-)	le chercheur
das Experiment(e) 3	l'expérience
Experimente an/stellen, experimentieren	faire des expériences, expérimenter
beobachten	observer
das Instrument(e) 4	l'instrument
entdecken	découvrir
die Entdeckung(en)	la découverte
die Theorie(n)	la théorie
die Praxis	la pratique
das System(e)	le système
die Methode(n), das Verfahren(-)	la méthode, le procédé
das Gesetz(e)	la loi
fest	solide
flüssig	liquide
gasförmig	gazeux
die Geologie	la géologie
die Optik	l'optique
erfinden(a-u)	inventer
die Erfindung(en)	l'invention
röntgen	radiographier

L'Allemagne compte une dizaine de grands musées de la technique. Parmi les plus intéressants citons celui de Berlin : *Museum für Technik und Verkehr* (musée de la technique et de la circulation), où vous pourrez imprimer un texte ou un dessin et celui de Munich *(München) : Deutsches Museum* (le musée allemand), où vous pourrez visiter un sous-marin *(U-Boot)*, monter dans un avion ou encore voir le fonctionnement d'une fusée.

Wissenschaften und Techniken 2 ◆ Sciences et techniques 2

die Mathematik	la mathématique
der Mathematiker(-)	le mathématicien
die Elektronik	l'électronique
die Informatik	l'informatique
der Computer(-) 5	l'ordinateur
der Mikrocomputer(-)	le micro-ordinateur
der Personal-computer(-) = (PC)	l'ordinateur individuel
der Drucker(-) 6	l'imprimante
die Software(s)	le logiciel
die Hardware(s)	le matériel (ensemble des éléments matériels d'un ordinateur)
die Diskette(n)	la disquette
eine Diskette löschen	effacer une disquette
die Daten *(plur)*	les données
der Chip(s)	la puce (informatique)
das Programm(e)	le programme
ein Programm aus/arbeiten	élaborer un programme
die Chemie	la chimie
chemisch	chimique
die chemische Formel(n)	la formule chimique
der Chemiker(-)	le chimiste
die Physik	la physique
physisch	physique
der Physiker(-)	le physicien
das Mikroskop(e) 7	le microscope
das Atom(e)	l'atome
der Atomkern(e)	le noyau
spalten	désintégrer
die Spaltung des Atomkerns	la fissure du noyau atomique
das Molekül(e)	la molécule
das Atomkraftwerk(e) = das AKW	la centrale nucléaire
die Energie	l'énergie
die Kernenergie die Atomenergie	l'énergie atomique
die Radioaktivität	la radioactivité
radioaktiv	radioactif
die Sonnenenergie	l'énergie solaire
die Energiequelle(n)	la source d'énergie
benutzen	utiliser
die Anziehungskraft	la force d'attraction
die Rakete(n)	la fusée
das Raumschiff(e)	la vaisseau spatial
die Raumstation(en)	la station spatiale
der Kosmonaut(en-en)	le cosmonaute
der Satellit(en-en)	le satellite
die Umlaufbahn(en)	l'orbite
in die Umlaufbahn bringen (brachte-gebracht)	mettre sur orbite

L'Allemagne compte une trentaine de centrales nucléaires – *das Atomkraftwerk(e)* – contre lesquelles luttent toujours de nombreux mouvements écologiques ; la population allemande est très sensibilisée au problème de l'énergie nucléaire depuis la catastrophe de Tschernobyl. Ces centrales fournissent 35 % de l'électricité dont a besoin le pays.

Die Politik

31

La politique

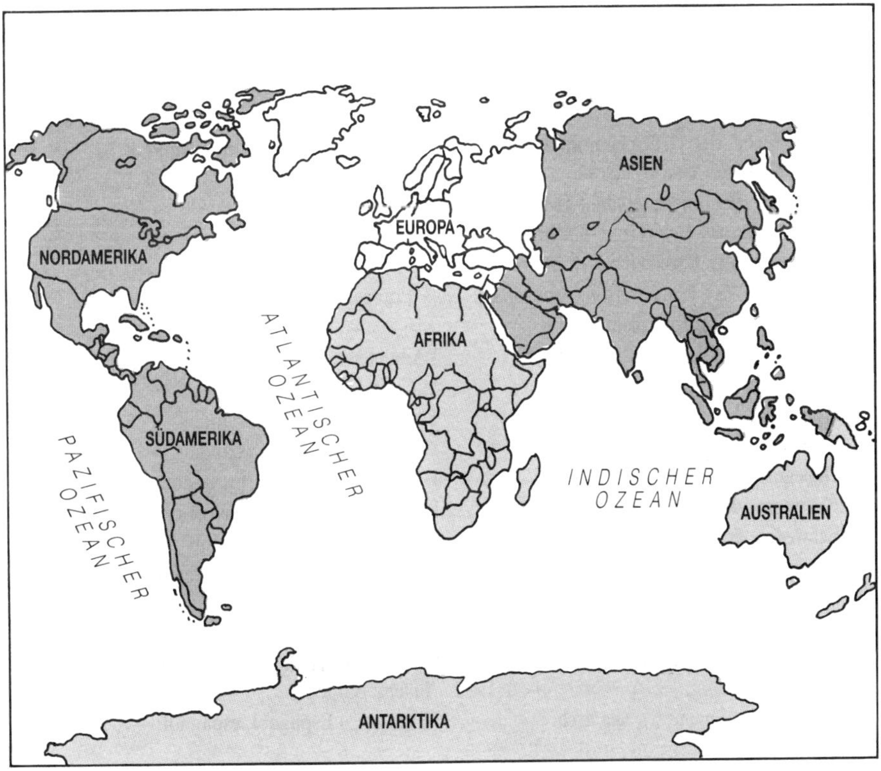

Länder und Völker 1 ◆ *Les pays et les peuples 1*

der Kontinent(e), der Erdteil(e)	le continent
Europa, der Europäer(-), europäisch	l'Europe, l'Européen, européen
Asien, der Asiat(en-en), asiatisch	l'Asie, l'Asiatique, asiatique
Afrika, der Afrikaner(-), afrikanisch	l'Afrique, l'Africain, africain
Amerika, der Amerikaner(-), amerikanisch	l'Amérique, l'Américain, américain
Australien, der Australier(-), australisch	l'Australie, l'Australien, australien
der Nordpol, der Südpol	le pôle nord, le pôle sud
das Land(¨-er)	le pays

La liste ci-dessous n'est évidemment pas complète.
Sont donnés dans l'ordre : le nom du pays, le nom de l'habitant, l'adjectif.
En règle générale le féminin du nom de l'habitant est obtenu en ajoutant **-in** au nom masculin ou en remplaçant le **-e** final par **-in** :
Ex. : **der Schweizer, die Schweizerin, der Däne, die Dänin.**
Les autres cas ont été précisés.
Nous n'avons pas indiqué le nom de la langue qui s'écrit avec une majuscule **Französisch**, mais qui correspond à l'adjectif (**französisch**, français).

Deutschland, der Deutsche(n-n), deutsch ein Deutscher, eine Deutsche	l'Allemagne, l'Allemand, allemand
die BRD : die Bundesrepublik Deutschland	la République fédérale de l'Allemagne
die Schweiz, der Schweizer(-), schweizerisch	la Suisse, le Suisse, suisse
Österreich, der Österreicher(-), österreichisch	l'Autriche, l'Autrichien, autrichien
Frankreich, der Franzose(n-n), französisch die Französin	la France, le Français, français
England, der Engländer, englisch	l'Angleterre, l'Anglais, anglais
Großbritanien	la Grande-Bretagne
Irland, der Ire(n-n), irisch	l'Irlande, l'Irlandais, irlandais
Island, der Isländer(-), isländisch	l'Islande, l'Islandais, islandais
Dänemark, der Däne(n-n), dänisch	le Danemark, le Danois, danois
Norwegen, der Norweger(-), norwegisch	la Norvège, le Norvégien, norvégien
Schweden, der Schwede(n-n), schwedisch	la Suède, le Suédois, suédois
Finnland, der Finne(n-n), finnisch	la Finlande, le Finlandais, finlandais
die Niederlande, Niederländer, niederländisch	les Pays-Bas
Belgien, der Belgier(-), belgisch	la Belgique, le Belge, belge
Luxemburg, der Luxemburger(-), luxemburgisch	le Luxembourg, le Luxembourgeois, luxembourgeois
Spanien, der Spanier(-), spanisch	l'Espagne, l'Espagnol, espagnol

ISLAND
LIE = LIECHTENSTEIN
LUX = LUXEMBURG
Färöer
(DÄN.)
Zone germanophone
NORWEGEN
SCHWEDEN
FINLAND
DÄNEMARK
IRLAND
GROSS-
BRITANNIEN
NIEDER-
LANDE
Berlin
BUNDES-
REPUBLIK
DEUTSCH-
LAND
POLEN
GUS
BELGIEN
LUX
TSCHECHOSLOWAKEI
FRANKREICH
Wien
Bern
ÖSTERREICH
SCHWEIZ
LIE
UNGARN
RUMÄNIEN
JUGOSLAWIEN
ANDORRA
MONACO
ITALIEN
SAN
MARINO
PORTUGAL
SPANIEN
Korsika
BULGARIEN
VATIKAN-
STADT
ALBA-
NIEN
Balearen
Sardinien
TÜRKEI
GRIECHENLAND
Sizilien
Rhodos
MALTA
Kreta

Europa

Länder und Völker 2 ◆ *Les pays et les peuples 2*

Portugal, der Portugiese(n-n), portugiesisch	le Portugal, le Portugais, portugais
Italien, der Italiener(-), italienisch	l'Italien, l'Italien, italien
Griechenland, der Grieche(n-n), griechisch	la Grèce, le Grec, grec
Jugoslawien, der Jugoslawe(n-n), jugoslawisch	la Yougoslavie, le Yougoslave, yougoslave
Ungarn, der Ungar(n-n), ungarisch	la Hongrie, le Hongroi, hongrois
die Tschechoslowakei, der Tscheche(n-n), tschechisch	la Tchécoslovaquie, le Tchèque, tchèque
Rumänien, der Rumäne(n-n), rumänisch	la Roumanie, le Roumain, roumain
Bulgarien, der Bulgare(n-n), bulgarisch	la Bulgarie, le Bulgare, bulgare
die Türkei, der Türke(n-n), türkisch	la Turquie, le Turc, le turc
Rußland, der Russe(n-n), russisch	la Russie, le Russe, russe
die GUS (Gemeinschaft Unabhängiger Staaten)	la CEI (Communauté d'États Indépendants)
China, der Chinese(n-n), chinesisch	la Chine, le Chinois, chinois
Japan, der Japaner(-), japanisch	le Japon, le Japonais, japonais
Indien, der Inder(-), indisch	les Indes, l'Indien, indien
Indonesien, der Indonesier(-), indonesisch	l'Indonésie, l'Indonésien, indonésien
Iran, der Iraner(-), iranisch	l'Iran, l'Iranien, iranien
Irak, der Iraker(-), irakisch	l'Irak, l'Irakien, irakien
Syrien, der Syrier(-), syrisch	la Syrie, le Syrien, syrien
Libanon, der Libanese(n-n), libanesisch	le Liban, le Libanais, libanais
Israel, der Israeli(s), israelisch	Israël, l'Israélien, israélien
Ägypten, der Ägypter(-), ägyptisch	l'Égypte, l'Égyptien, égyptien
Libyen, der Lybier(-), lybisch	la Libye, le libyen, libyen
Algerien, der Algerier(-), algerisch	l'Algérie, l'Algérien, algérien
Tunesien, der Tunesier(-), tunesisch	la Tunisie, le Tunisien, tunisien
Marokko, der Marokkaner(-), marokkanisch	le Maroc, le Marocain, marocain
Amerika, der Amerikaner(-), amerikanisch	l'Amérique, l'Américain, américain
die USA (= United States of America)	les USA
die Vereinigten Staaten	les États-Unis
Kanada, der Kanadier(-), kanadisch	le Canada, le Canadien, canadien
Mexiko, der Mexikaner(-), mexikanisch	le Mexique, le Mexicain, mexicain
Argentinien, der Argentinier(-), argentinisch	l'Argentine, l'Argentin, argentin
Brasilien, der Brasilianer(-), brasilianisch	le Brésil, le Brésilien, brésilien
Chile, der Chilene(n-n), chilenisch	le Chili, le Chilien, chilien
Australien, der Australier(-), australisch	l'Australie, l'Australien, australien

Deutschland - Die Länder

Staat und Regierung ◆ *L'état et le gouvernement*

der Staat(en)	l'état
der Rechtsstaat(en)	l'état de droit
der Bundesstaat(en)	l'état fédéral
die Bundesregierung	le gouvernement fédéral
der Bundestag	la diète fédérale
der Staatsmann(¨-er)	l'homme d'état
die Politik	la politique
der Politiker(-)	le politicien
der Grund(¨-e)	la raison
aus politischen Gründen	pour des raisons politiques
die Regierung(en)	le gouvernement
das Regime(s)	le régime
die Monarchie(n)	la monarchie
der König(e)	le roi
der Kaiser(-)	l'empereur
die Diktatur(en)	la dictature
der Diktator(en-en)	le dictateur
herrschen(über + acc.)	régner (sur)
die Demokratie(n)	la démocratie
die Republik(en)	la Répbulique
das Parlament(e)	le Parlement
das Staats-oberhaupt(¨-er)	le chef d'état
der Präsident(en-en)	le président
an die Macht kommen(a-o)*	arriver au pouvoir
die Spitze(n)	la tête (d'un parti, d'une liste)
an der Spitze sein	être à la tête de/en tête de
zurück/treten(i,a-e)*	se retirer, démissionner
der Minister-präsident(en-en)	le Premier Ministre
regieren	gouverner
der Bundes-präsident(en-en)	le président de la République fédérale
der (Bundes)kanzler(-)	le chancelier (fédéral)
der Minister(-)	le ministre
der Abgeordnete(n-n) ein Abgeordneter	le député
der Bürgermeister	le maire
das Programm(e)	le programme
der Staatssekretär(e)	le secrétaire d'État
der Sozialismus	le socialisme
der Kommunismus	le communisme
die Linke	la droite
die Rechte	la gauche
die Entspannung	la détente

Le Parlement allemand est composé de deux Chambres : *der Bundestag* (la Diète) élu pour quatre ans au suffrage universel et *der Bundesrat* (le Conseil) non élu ; il est formé par les représentants des pouvoirs exécutifs des *Länder*. Il y en a 16.

Chaque *Land* a son gouvernement et son parlement. C'est ainsi que les congés scolaires sont différents d'un *Land* à l'autre.

Le Chancelier *(der Bundeskanzler)* est élu par le *Bundestag* sur proposition du Président allemand (der *Bundespräsident*).

Staat und Bürger ◆ *L'état et le citoyen*

das Volk(¨er)	le peuple
die Bevölkerung(en)	la population
der Bürger(-)	le citoyen
die Menschenrechte *(plur)*	les Droits de l'Homme
die Verletzung der Menschenrechte	la violation des Droits de l'Homme
der Demokrat(en-en)	le démocrate
der Kommunist(en-en)	le communiste
der Sozialist(en-en)	le socialiste
der Kapitalist(en-en)	le capitaliste
die Arbeiterklasse(n)	la classe ouvrière
der Mittelstand(¨e)	la classe moyenne
das Bürgertum	la bourgeoisie
der Klassenkampf(¨e)	la lutte des classes
der Kapitalismus	le capitalisme
die Einheit(en)	l'unité
die Vereinigung(en)	l'unification
vereint	unifié
politisch rechts/links stehen(a-a)	être de droite/de gauche
das allgemeine Wahlrecht	le suffrage universel

die Wahl(en)	l'élection
der Wahlkreis(e)	la circonscription
der Wahlkampf(¨e)	la campagne électorale
wählen	élire
die Partei(en)	la parti
der Parteiführer(-)	le chef de parti
seine Pflicht erfüllen	faire son devoir
die absolute Mehrheit	la majorité absolue
die Minderheit	la minorité
die Opposition (en)	l'opposition
stimmen (für, gegen)	voter (pour, contre)
die Meinungsumfrage(n)	le sondage d'opinion
der (Staats)haushalt, das Budget(s)	le budget (de l'état)
die Verwaltung(en)	l'administration
das Land(¨er)	le land (région)
die Freiheit(en)	la liberté
widerstehen(a-a)	résister
der passive Widerstand	la résistance passive
die Demonstration(en)	la manifestation
demonstrieren	manifester

Les principaux partis sont :
CDU : die Christlich-Demokratische Union Deutschlands (l'Union chrétienne démocrate allemande).
FDP : die Freie Demokratische Partei (les Libéraux).
SPD : die Sozialdemokratische Partei Deutschlands (le parti social-démocrate allemand).
PDS : die Partei des Demokratischen Sozialismus (le parti du socialisme démocratique). C'est l'ancien parti communiste est-allemand.
die Grünen : les Verts (parti écologique).

Si le candidat est en ballotage on dit : *Er kommt in die Stichwahl.*

Retenez : *die ungültige Stimme,* le bulletin nul ; *der leere Stimmzettel,* le bulletin blanc ; *die Stimmen zählen,* dépouiller le scrutin.

Die Justiz

32

La justice

Die Justiz 1 ◆ La justice 1

das Recht(e)	le droit
gerecht	juste
ungerecht	injuste
die Gerechtigkeit(en)	la justice, la probité
die Ungerechtigkeit(en)	l'injustice, l'iniquité
das Gesetz(e)	la loi
an/zeigen	porter plainte, dénoncer
an/klagen	accuser
der Verdacht	les soupçons *(plur)*
verdächtig	suspect
schuldig	coupable
unschuldig	non coupable
der Dieb(e)	le voleur
der Diebstahl(¨-e)	le vol
der Gangster(-)	le gangster, le bandit
der Überfall(¨-e)	le hold-up
der Mörder(-)	l'assassin
der Mord(e)	le meurtre, l'assassinat
das Verbrechen(-)	le crime
der Verbrecher(-)	le malfaiteur, le bandit
der Einbrecher(-) 1	le cambrioleur
die Spur(en)	la trace
fest/nehmen(i, a-o), verhaften 2	arrêter
die Schlägerei(en)	la bagarre
die Gewalt(en)	la violence
gewalttätig	violent
der Zeuge(n-n)	le témoin
volljährig	majeur
minderjährig	mineur
das Delikt(e)	le délit

Ne pas confondre *die Justiz* et *die Gerechtigkeit*. Ce dernier mot indique plutôt la justice morale, la justice de Dieu. *Die Justiz* évoque l'institution : *der Justizbeamte(n-n)*, le magistrat (judiciaire) ; *das Justizgebäude(-)*, le palais de justice. On dit aussi : *der Justizpalast(¨-e)*.

On dit :
Er ist des Diebstahls angeklagt. Il est accusé de vol.
ein Verbrechen begehen (beging, begangen), commettre un crime.

Afin que les données enregistrées par ordinateur ne puissent être utilisées par des personnes non autorisées, on a commencé en 1977 à créer une législation sur la protection des données électroniques *(der Datenschutz)* en RFA qui, aujourd'hui, est extrêmement complète.

Die Justiz 2 ◆ La justice 2

der Polizist(en-en) 3	le policier
die (Polizei)wache(n)	le poste (de police)
die Kriminalpolizei	la police judiciaire
die Untersuchung(en)	l'enquête
das Gericht(e) 4	le tribunal
der Richter(-) 5	le juge
richten	juger
der Angeklagte(n-n) 6 **ein Angeklagter**	l'accusé, le prévenu
das Verhör(e)	l'interrogatoire
verhören	interroger
das Motiv(e)	le mobile
der Prozeß(sse)	le procès
anschuldigen, beschuldigen	inculper
der (Rechts)-anwalt(¨-e) 7	l'avocat
der Beweis(e)	la preuve
beweisen(ie-ie)	prouver
verteidigen	défendre
das Urteil(e)	le jugement
der Spruch(¨-e)	la sentence
verurteilen	condamner
die Haft	l'emprisonnement, la détention
das Gefängnis(-sse) 8	la prison
lebenslänglich	à perpétuité
die Strafe(n)	la peine
bestrafen	punir
der Sträfling(e) 9	le détenu
der Fall(¨-e)	l'affaire, le cas
frei/sprechen(i, a-o)	acquitter
frei/lassen(ä, ie-a)	mettre en liberté
aus dem Gefängnis entweichen(i-i)*, entkommen(a-o)* 10	s'échapper de prison

On dit :
Er wurde zu zwei Jahren Haft verurteilt. Il a été condamné à deux ans de détention.
Ins Gefängnis bringen (brachte, gebracht), mettre en prison.

Voici les divers tribunaux correctionnels *(die Strafgerichte)* :
das Amtsgericht, le tribunal d'instance ;
das Landgericht, le tribunal de grande instance ;
das Oberlandesgericht, la cour d'appel ;
der Bundesgerichtshof, la cour de cassation.

Die Religion

33

La religion

Die Religion 1 ◆ La Religion 1

religiös	religieux
Gott	Dieu
der liebe Gott	le Bon Dieu
glauben	croire
er glaubt an Gott	il croit en Dieu
der Glaube(ns-n)	la croyance
der Gläubige(n-n) **ein Gläubiger**	le croyant, le fidèle
gläubig	croyant
vergöttern	diviniser
Christus, Jesus	le Christ
das Christkind 1	l'Enfant Jésus
der Christ(en-en)	le chrétien
der Katholizismus	le catholicisme
der Katholik(en-en)	le catholique
die Heilige Jungfrau 2	la Sainte Vierge
der Heilige Geist	le Saint Esprit
das Paradies(e)	le paradis
der Engel(-) 3	l'ange
der Schutzengel(-)	l'ange gardien
der Teufel(-) 4	le diable
die Hölle 5	l'enfer
der Heilige(n-n) 6 **ein Heiliger**	le saint
heilig	saint
der Kruzifix(e) 7	le crucifix
der Protestantismus	le protestantisme
der Protestant(en-en)	le protestant
das Judentum	le judaïsme
der Jude(n-n)	le juif
die Jüdin(nen)	la juive
die Synagoge(n)	la synagogue
der Mohammedaner(-), der Moslem(s)	le musulman
moslemisch, mohammedanisch	musulman
die Moschee(n)	la mosquée
die evangelische Kirche	l'Église protestante

A peu près 85 % de la population allemande appartiennent à une des deux confessions chrétiennes : la moitié à l'Église catholique *(die katholische Kirche)*, l'autre moitié à l'Église protestante *(die evangelische Kirche in Deutschland : EKD)*.

Les travailleurs immigrés *(Gastarbeiter)*, en majorité turcs, sont musulmans *(moslemisch, mohammedanisch)*.

Die Religion 2 ◆ La religion 2

die Seele(n)	l'âme
die Bibel(n)	le bible
die Messe(n)	la messe
die Messe halten(ä, ie-a)	dire la messe
der Gottesdienst(e)	le service religieux, le culte
(zu Gott) beten	prier (Dieu)
die Kirche(n) 8	l'église, le temple
in die Kirche gehen (ging-gegangen)*	aller à l'église
das Kirchengemeinde(-)	la paroisse
der Geistliche(n-n), ein Geistlicher	l'ecclésiastique
der Pfarrer(-)	le curé
der Priester(-) 9	le prêtre
der Papst(¨-e)	le pape
der Pastor(en)	le pasteur
der Kardinal(¨-e)	le cardinal
der Bischof(¨-e) 10	l'évêque
der Mönch(e) 11	le moine
die Ordensschwester(n), die Nonne(n) 12	la religieuse
segnen 13	bénir
fromm	pieux
weltlich	laïc, profane
sich sammeln	se recueillir
beichten	se confesser, confesser (une faute)
die Sünde(n)	le péché
bereuen(+acc)	se repentir de
der Pilger(-) 14	le pèlerin
Ostern	Pâques
Pfingsten	Pentecôte
Allerheiligen	la Toussaint
Weihnachten	Noël
die Krippe(n)	la crèche
die Heiligen drei Könige, die Weisen aus dem Morgenland	les Rois Mages

Quelques proverbes ou expressions :
Der Mensch denkt, Gott lenkt. L'homme propose et Dieu dispose.
Er lebt wie Gott in Frankreich. Il vit comme un coq en pâte.
En Bavière et en Autriche on dit :
« Grüß Gott ! » Bonjour, bonsoir, adieu !
Dem Mutigen hilft Gott. La fortune sourit aux audacieux.
Gott sei Dank ! Dieu merci !
Um Gottes willen ! Pour l'amour de Dieu.
Cette dernière expression sert à renforcer la négation :
Kauf dir doch um Gottes willen dieses schwarze Kleid nicht ! Pour l'amour de Dieu, ne t'achète pas cette robe noire !

Krieg und Frieden

34

Guerre et paix

Feindseligkeiten ◆ Les hostilités

der Krieg(e)	la guerre
den Krieg erklären	déclarer la guerre
der erste Weltkrieg	la Première Guerre mondiale
der zweite Weltkrieg	la Seconde Guerre mondiale
der Blitzkrieg(e)	la guerre éclair
der Konflikt(e)	le conflit
der Soldat(en-en) 1	le soldat
seinen Wehrdienst leisten	faire son service militaire
beim Militär sein	être dans l'armée
der Offizier(e) 2	l'officier
sich verbünden	s'allier
verbündet sein	être allié
der Verbündete(n-n) ein Verbündeter	l'allié
bewaffnen	armer
die Bundeswehr	l'armée allemande
das Heer(e), die Armee(n)	l'armée de terre
die Luftwaffe	l'armée de l'air
die Streitkräfte *(plur)*	les forces armées
der Feind(e)	l'ennemi
der Angreifer(-)	l'envahisseur
an/greifen(iff-iff)	attaquer, assaillir
der Überfall(¨-e)	l'attaque
ein Land überfallen(ä, ie-a)	envahir un pays

besetzen	occuper
die Besetzung(en)	l'occupation
(sich) verteidigen	(se) défendre
die Verteidigung(en)	la défense
der Widerstand(¨-e)	la résistance
das Embargo(s)	l'embargo
kämpfen 3	combattre
der Kampf(¨-e)	le combat
bombardieren	bombarder
der Bomber(-), das Bombenflugzeug(e) 4	le bombardier
der Bombenangriff(e)	le bombardement
der Raketenangriff(e)	l'attaque par missiles
zerstören	détruire
die Zerstörung(en)	la destruction
der Geisel(-)	l'otage
das Opfer(-)	la victime
der Krieg hat viele Tote gefordert	la guerre a fait beaucoup de morts
verwunden	blesser
der Verwundete(n-n) 5 **ein Verwundeter**	le blessé
töten, um/bringen (brachte, gebracht)	tuer
der Tote(n-n) 6 **ein Toter**	le mort

En Allemagne le service militaire est obligatoire *(die allgemeine Wehrpflicht)* pour tous les hommes. Depuis 1989 il est d'une durée de 15 mois.
Cependant, selon le droit fondamental *(das Grundrecht)*, un citoyen peut refuser de servir sous les drapeaux si sa conscience le lui dicte.
Dans ce cas, l'objecteur de conscience *(der Kriegsdienstverweigerer)*, doit effectuer un service civil de remplacement *(der zivile Ersatzdienst)* pendant 20 mois et s'appelle *der Zivildienstleistende(n)* ou plus couramment *der Zivi(s)*.

Waffen Frieden ◆ *Les armes La paix*

die Bewaffnung(en)	l'armement, l'équipement
auf/rüsten	réarmer
die Aufrüstung(en)	le réarmement
ab/rüsten	désarmer
die Abrüstung(en)	le désarmement
die Waffe(n)	l'arme
die konventionnelle Waffe(n)	l'arme conventionnelle
das Gewehr(e) 7	le fusil
die Maschinenpistole(n) 8	le pistolet-mitrailleur
die Kanone(n) 9	le canon
der Panzer(-)	le char
der Hubschrauber(-) 10	l'hélicoptère
die Granate(n)	l'obus
die Rakete(n)	le missile
der Flugzeugträger(-)	le porte-avion
das U-Boot(e), das Untersee-Boot	le sous-marin
die Atomwaffe(n)	l'arme atomique
die Kernwaffe(n)	l'arme nucléaire
die nukleare Abschreckung	la dissuasion atomique
die Atombombe(n)	la bombe atomique (bombe H)
die Atomexplosion(en)	l'explosion atomique
die ABC-Waffen *(plur)*	les armes atomiques, biologiques et chimiques
das Risiko (die Risiken)	le risque
mörderisch	meurtrier
die Feuereinstellung(en)	le cessez-le-feu
der Frieden(-)	la paix
der Waffenstillstand	l'armistice
kapitulieren, sich ergeben(i, a-e)	capituler, se rendre
die Bedingung(en)	la condition
die Folge(en), die Konsequenz(en)	la conséquence
die Friedenskonferenz(en)	la conférence de paix
der (Friedens) vertrag(¨-e)	le traité (de paix)
verhandeln	négocier
die Verhandlung(en)	la négociation
die Entspannung(en)	la détente
die Entspannungspolitik	la politique de détente
die Parade(n)	le défilé

Notez :

der radioaktive Niederschlag(¨-e)	la retombée radioactive
das Verbot von Kernversuchen	l'interdiction des essais nucléaires
Frieden schließen(o-o) mit...	conclure la paix avec...
die bedingungslose Kapitulation	la capitulation sans conditions

On dit :

Verhandlungen aufnehmen, entamer des pourparlers, des négociations.

Wollen und können
35
Vouloir et pouvoir
DU SOLLST ARBEITEN!!
Muß ich das wirklich lernen?...
ICH HABE MICH ENTSCHLOSSEN!!
Wer wagt, gewinnt.
später...
Was für ein Erfolg!

Wollen und können 1 ◆ *Vouloir et pouvoir 1*

wollen (ich will)	vouloir (je veux)
der Wille *(génitif :* **-ns***)*	la volonté
die Willensfreiheit	le libre-arbitre
ich möchte ins Kino gehen (ging-gegangen)*	j'aimerais aller au cinéma
wünschen	souhaiter, désirer
der Wunsch(¨-e)	le souhait, le désir
die Absicht haben	avoir l'intention
versuchen	essayer
Lust haben zu	avoir envie de
keine Lust haben zu	ne pas avoir envie de
ich will nur dein Bestes	je ne veux que ton bien
der Vorwand(¨-e)	le prétexte
hindern	empêcher
man muß ihn daran hindern	il faut l'en empêcher
der Plan(¨-e)	le plan, le projet
vor/haben	projeter
was hast du vor ?	qu'est-ce-que tu as comme projet ?
brauchen	avoir besoin
sich Mühe geben (i, a-e)	se donner du mal
das Schicksal(e)	le destin
das hat keinen Zweck	cela ne sert à rien
die Schwierigkeit(en)	la difficulté
so tun(a-a), als ob	faire semblant, faire comme si
er tut, als ob er krank wäre	il fait semblant d'être malade
die Gelegenheit(en)	l'occasion

Wollen (vouloir) est un auxiliaire de mode encore appelé verbe modal.
Un sens particulier de *wollen* :
Er will 40 Jahre alt sein. Il prétend avoir 40 ans.
Pour dire : « je veux bien », on peut utiliser l'expression : *Ich habe nichts dagegen.*

Une expression à retenir :
Es koste, was es wolle. Coûte que coûte.
Un proverbe :
Wer will, der kann. Vouloir c'est pouvoir.

Notez aussi :
der letzte Wille, les dernières volontés ;
ein Mensch guten Willens, un homme de bonne volonté ;
die Willensschwäche, le manque de volonté.

Wollen und können 2 ◆ *Vouloir et pouvoir 2*

können (ich kann)	pouvoir (je peux)
die Möglichkeit(en)	la possibilité
möglich	possible
unmöglich	impossible
erlauben	permettre
die Erlaubnis(se)	la permission
das Verbot(e)	l'interdiction
verbieten(o-o)	interdire
dürfen(ich darf)	avoir la permission
wagen	oser
zögern	hésiter
entscheiden(ie-ie)	décider
sich entschließen (o-oss)	se décider
entschlossen	résolu
unentschlossen	indécis, irrésolu
eine Entscheidung treffen(i, a-o)	prendre un décision
absichtlich tun (tat-getan)	faire exprès
lieber mögen	préférer
ich trinke lieber eine Cola	je préfère prendre un coca
akzeptieren	accepter
schaffen	arriver à faire
ich schaffe es nicht	je n'y arrive pas
das Glück	la chance
die Verantwortung(en)	la responsabilité
verantwortlich (für)	responsable (de)
verlangen	exiger
sich irren	se tromper
gelingen(a-u)	réussir
ihm gelingt alles, was er anfängt	il réussit tout ce qu'il entreprend
der Erfolg(e)	le succès, la réussite
Erfolg haben, erfolgreich sein	avoir du succès
aus/probieren	faire un essai
auf/geben(i, a-e)	renoncer
scheitern*	échouer
ich tue mein Bestes	je fais de mon mieux

Können (pouvoir) fait également partie des verbes modaux.

Les sens particuliers de *können* :
1° *Das kannst du tun.* Libre à toi de le faire (avoir la permission).
2° *Es kann sein.* C'est possible (possibilité).
3° *Er kann gut deutsch.* Il sait bien l'allemand (savoir).
Das Kind kann schon laufen. L'enfant sait déjà marcher.

Quelques expressions :
Ich kann nichts dafür. Je n'y peux rien.
Er kann nicht umhin zu rauchen. Il ne peut s'empêcher de fumer.

Das Gemütsleben

36

La vie affective

Liebe und Haß ◆ Amour et haine

das Gefühl(e)	le sentiment
fühlen, empfinden(a-u)	sentir, éprouver, ressentir
die Empfindung(en)	la sensation, l'émotion
die Liebe	l'amour
lieben	aimer
liebevoll	affectueux, plein d'affection
der Geliebte(n-n) 1 **ein Geliebter**	le bien-aimé
sich verlieben (in)	tomber amoureux (de)
verliebt 2	amoureux, épris
verführen	séduire
mögen	aimer bien
etwas gern tun (tat-getan)	aimer faire quelque chose
er spielt gern Tennis	il aime bien jouer au tennis
der Freund(e)	l'ami, le petit ami
die Freundin(nen) 3	l'amie, la petite amie
freundlich	amical, aimable
die Freundschaft(en)	l'amitié
der Kamerad(en-en)	le camarade, le compagnon
sich verstehen (verstand-verstanden)	s'entendre
die Zuneigung (zu)	l'affection, la sympathie (pour)
die Zärtlichkeit	la tendresse ; la sensibilité
die Zärtlichkeiten *(plur)*	les caresses,
küssen, umarmen 4	embrasser
die Sehnsucht	le désir ardent, la nostalgie
das Heimweh	le mal du pays
Heimweh haben	avoir le mal du pays
leiden(itt-itt)	souffrir
das Leid(en)	la souffrance
bedauern	regretter, déplorer
vermissen	regretter l'absence de
der Haß	la haine
hassen	haïr, détester
verabscheuen	abhorrer, avoir en horreur
spotten (über + acc)	se moquer (de)
sich rächen (an + dat)	se venger (de)
die Rache(n)	la vengeance
verachten	mépriser
die Verachtung	le mépris

Ne pas confondre *lieben* et *mögen* :
Lieben signifie « aimer », « chérir » et s'emploie pour parler d'amour.
Mögen signifie « aimer » (bien).
Er liebt diese Frau. Il aime cette femme.
Magst du Katzen ? Est-ce que tu aimes les chats ?

Notez bien l'emploi de *vermissen* :
Er vermißt seinen Vater. Son père lui manque.

Der Charakter ◆ *Le caractère*

er ist umgänglich	il a bon caractère
nett, lieb	gentil
liebenswert, liebenswürdig	aimable
die Mentalität(en)	la mentalité
stark	fort
ruhig	calme, tranquille
gelassen	calme, placide
glänzend	brillant
kontaktfreudig	sociable, qui aime les contacts
aufgeweckt	éveillé
zärtlich	tendre
müßig	oisif
energisch	énergique
die Energie	l'énergie
schlau	malin
stolz	fier
fleißig	travailleur, appliqué
streng	sévère
großzügig	généreux
anständig	convenable
leichtsinnig	étourdi
fröhlich, lustig	gai
offen	franc
komisch	bizarre
schüchtern	timide
die Schüchternheit	la timidité
verschlossen	renfermé, réservé
bescheiden	modeste
passiv	passif
gleichgültig	indifférent
die Gleichgültigkeit	l'indifférence
dickköpfig, eigensinnig	têtu
weichlich	mou
schwach	faible
nervös 5	nerveux
selbständig	autonome, indépendant

Remarquez les expressions :

Es ist ein Mann von Charakter. C'est un homme de caractère.
Er hat keinen Charakter. Il est inconstant, versatile.
Er ist nicht auf den Mund gefallen. Il a une réponse à tout.

Un proverbe :
Müßiggang ist aller Laster Anfang. L'oisiveté est la mère de tous les vices.

Gemütsbewegungen ◆ Les émotions

die Erregung(en)	l'agitation, l'excitation
erregt/aufgeregt sein	être agité, excité
die Aufregung(en)	l'émoi, l'agitation
empfindlich sein	être sensible
die Begeisterung	l'enthousiasme
begeistert sein	être enthousiaste
gerührt sein	être touché
rührend	touchant
bewegen	émouvoir
er war tief bewegt	il était profondément ému
erschüttert	bouleversé
die Bewunderung	l'admiration
bewundern	admirer
die Furcht	la crainte
(sich)fürchten (vor + dat)	avoir peur, craindre, redouter
erschrecken(i, a-o) vor(+dat)*	s'effrayer de
erschrecken	effrayer
das Entsetzen	l'effroi, l'épouvante
entsetzlich	effroyable, épouvantable
unheimlich	inquiétant
sich wundern	s'étonner
das wundert mich nicht	cela ne m'étonne pas
(es ist) kein Wunder, daß	il ne faut pas s'étonner que
die Wut	la fureur
wütend 6	furieux
der Zorn	la colère
zornig	en colère, coléreux
sich ärgern	se fâcher
ärgern	agacer, contrarier
ärgerlich	fâcheux, contrariant, agaçant ; fâché, contrarié
der Ärger	l'ennui, la contrariété
viel Ärger haben	avoir beaucoup d'ennuis
böse	fâché
er ist mir böse	il m'en veut, il s'est fâché contre moi

Notez bien l'existence de deux verbes *erschrecken.* L'un est intransitif et fort : *Das Kind erschrak vor dem Hund,* L'enfant eut peur du chien. L'autre est transitif et faible : *Diese Nachricht erschreckte ihn.* Cette nouvelle l'effraya. *Habe ich dich erschreckt ?* Est-ce que je t'ai fait peur ?

Un proverbe :
Er hat gute Miene zum bösen Spiel gemacht.
Il a fait contre mauvaise fortune bon cœur.

Deux expressions :
Er fängt Grillen. Il broie du noir.
Er hat das Herz auf der Zunge. Il se confie facilement.

Notez encore :
Sie hat Ärger mit ihrer Mutter. Elle a des problèmes avec sa mère.

Freude und Traurigkeit ◆ *La joie et la tristesse*

die Freude(n)	la joie
jdm Freude bereiten	faire plaisir à qn
sich freuen	se réjouir, être content
das Glück	le bonheur, la chance
Glück haben	avoir de la chance
das Unglück	le malheur, la malchance
(un)glücklich	(mal)heureux
(un)zufrieden (mit)	(in)satisfait (de)
die Zufriedenheit	le contentement, la satisfaction
befriedigen	satisfaire
der Optimist(en-en)	l'optimiste
der Optismismus	l'optimisme
optimistisch	optimiste
fröhlich, lustig	gai, joyeux
die Fröhlichkeit	la gaieté, l'entrain
lachen	rire
das Lachen	le rire
das Gelächter *(collectif)*	les rires
die Laune	l'humeur
gutgelaunt/guter Laune sein	être de bonne humeur
die Hoffnung(en)	l'espoir
hoffnungsvoll	plein d'espoir
hoffen	espérer
das Vergnügen	le plaisir
die Traurigkeit	la tristesse
traurig	triste
die Trauer	l'affliction, le deuil
die Verzweiflung	le désespoir
verzweifelt sein	être désespéré
klagen (über + acc)	se plaindre (de)
der Schmerz(en)	la douleur
weinen 7	pleurer
die Träne(n)	la larme
die Langeweile	l'ennui
sich langweilen	s'ennuyer
der Pessimist(en-en) 8	le pessimiste
pessimistisch	pessimiste
die Wehmut, die Schwermut	la mélancolie
wehmütig	mélancolique
die Scham	la honte
sich schämen	avoir honte

Notez la différence entre *sich freuen über* et *sich freuen auf* :

Ich freue mich über deinen Brief. (chose présente) — Je me réjouis de ta lettre.

Wir freuen uns schon auf die Ferien. (chose future) — Je me réjouis à l'idée des vacances.

Une expression :

Er sieht alles durch eine rosige Brille. Il voit tout en rose.

Ethisches Leben

37

La vie morale

Gute und schlechte Eigenschaften 1 ◆ Les qualités et les défauts 1

die Eigenschaft(en)	la qualité
der Fehler(-)	la faute, l'erreur, le défaut
die Tugend(en)	la vertu
sich gut betragen (ä, u-a), sich gut benehmen(i, a-o)	bien se conduire
die Haltung	la contenance, l'attitude
er verlor die Haltung nicht	il ne perdit pas contenance
das Gute	le bien
gut	bon
die Güte	la bonté
das Böse	le mal
böse	méchant, mauvais, pernicieux
die Sitte(n)	la coutume
die Sitten *(plur)*	les mœurs
die Weisheit	la sagesse
die Ehrlichkeit	l'honnêteté
die Unehrlichkeit	la malhonnêteté
(un)ehrlich	(mal)honnête
das Feingefühl	la délicatesse
die Würde	la dignité
die Aufrichtigkeit	la sincérité
aufrichtig	sincère
die Vorsicht	la prudence
vorsichtig	prudent
unvorsichtig 1	imprudent
die Geduld	la patience
die Ungeduld	l'impatience
die Unschuld	l'innocence
unschuldig	innocent
großzügig	généreux
aufgeschlossen	ouvert (à)
zurückhaltend	dissimulé, réservé
gewissenhaft	consciencieux
die Höflichkeit	la politesse
die Unhöflichkeit	l'impolitesse
höflich	poli
unhöflich	impoli
der Mut	le courage
mutig	courageux
der Stolz	la fierté
stolz (auf + acc)	fier(de)
spontan	spontané

Retenez ces deux proverbes :
Mit Geduld und Zeit kommt man weit. Patience et longueur de temps font plus que force ni que rage.
Jugend hat keine Tugend. Il faut bien que jeunesse se passe.

Gute und schlechte Eigenschaften 2 ◆ Les qualités et les défauts 2

die Schuld	la faute, la culpabilité
schuldig	responsable de, coupable
unfähig	incapable
du bist ein Versager	tu es un incapable
hochmütig	orgueilleux
verrückt (nach)	fou (de)
naschhaft	gourmand
die Naschkatze(n)	la (petite) gourmande
der Egoismus	l'égoïsme
egoistisch	égoïste
der Egoist(en-en) 2	l'égoïste
böse 3	méchant
die Eitelkeit	la vanité
eitel 4	vaniteux
gemein	ignoble, vil
die Heuchelei	l'hypocrisie
heuchlerisch	hypocrite
der Heuchler(-)	l'hypocrite
eingebildet	prétentieux
taktlos	indiscret, sans tact
ungeniert	sans gêne
der Geiz	l'avarice
geizig 5	avare
die Neugier(de)	la curiosité
neugierig 6	curieux
die Lüge(n)	le mensonge
lügen(o-o)	mentir
der Lügner(-)	le menteur
rücksichtslos	sans égards
faul 7	paresseux
der Faulpelz(e)	le paresseux
das Mitleid	la pitié
er hat Mitleid mit ihm	il a pitié de lui
du tust mir leid	tu me fais pitié
der Verrat	la trahison
der Verräter(-)	le traitre
lächerlich	ridicule
jdn lächerlich machen	ridiculiser qn
verspotten 8	se moquer de

Autour de l'adjectif *« böse »* qui n'a pas toujours le sens de « méchant » :
Sie macht böse Augen. Elle fait les gros yeux.
Er wird böse. Il se fâche.
Sei mir nicht böse. Ne m'en veux pas.

Quelques proverbes :
Gelegenheit macht Diebe. L'occasion fait le larron.
Unrecht Gut gedeihet nicht. Bien mal acquis ne profite jamais.

Geistiges Leben

38

La vie intellectuelle

Vernunft und Phantasie ◆ *La raison et l'imagination*

denken (an + acc) (dachte, gedacht)	penser (à)
der Gedanke(ns-n)	la pensée
nach/denken (über + acc), überlegen 1	réfléchir (à)
ich muß es mir überlegen	il faut que j'y réfléchisse
die Überlegung(en)	la réfléxion
der Vernunft	la raison
verstehen(verstand-verstanden)	comprendre
das Verständnis	la compréhension
der gesunde Menschenverstand	le bon sens
glauben (an + acc)	croire
wissen(wußte-gewußt)	savoir
die Meinung(en)	l'avis
meiner Meinung nach	à mon avis, d'après moi
meinen	être d'avis
was meinst du ?	qu'en penses-tu ?
raten 2	conseiller
der Gesichtspunkt(e), der Standpunkt(e)	le point de vue
sich ein/bilden	s'imaginer
die Einbildungskraft die Phantasie	l'imagination
sich erinnern (an + acc)	se rappeler
vergessen(i, a-e)	oublier
vergeßlich	distrait, oublieux
das Gedächtnis	la mémoire
er hat ein gutes Gedächtnis	il a bonne mémoire
sich irren	se tromper
der Irrtum(¨-er)	l'erreur, la méprise
die Vernunft	la raison
vernünftig	raisonnable
berücksichtigen	tenir compte(de), considérer
interessieren	intéresser
sich interessieren für 3	s'intéresser à

Quelques expressions à retenir :
Das ist eine Binsenwahrheit. C'est une vérité de La Palice.
Ich habe keine blasse Ahnung davon. Je n'en ai pas la moindre idée.
Was mich betrifft, ... En ce qui me concerne...
Es kommt darauf an. Cela dépend.

Intelligenz und Kenntnis ◆ *L'intelligence et la connaissance*

die Weisheit	la sagesse
weise	prudent, avisé, sage
der Weise(n-n) 4	le sage
gescheit	sensé, intelligent, avisé
klug, intelligent	intelligent
das Talent(e)	le talent
die Begabung(en)	le don
begabt sein	être doué
der Sinn(e)	le sens
scharfsinnig	perspicace
der Zweck	le but, le dessein
das hat keinen Zweck	cela ne sert à rien
die Fähigkeit(en)	la capacité
fähig (zu)	capable (de)
das Urteil(e)	le jugement
der Witz(e)	le trait d'esprit, la plaisanterie
witzig	spirituel, amusant
lebhaft	vif
die Dummheit(en)	la bêtise
dumm	bête

stumpfsinnig	stupide
die Erfahrung(en)	l'expérience
erfahren(ä, u-a)	apprendre (par expérience)
ein/fallen(ä, ie-a)*	venir à l'esprit
was fällt dir ein ?	qu'est-ce qui te prend ?
kennen(kannte-gekannt)	connaître
die Kenntnis(se)	la connaissance
widersprechen (i, a-o) (+dat)	contredire
zu/geben(i, a-e)	admettre
zweifeln (an+dat) 5	douter (de)
erklären	1° déclarer 2° expliquer
ein/sehen(ie, a-e)	se rendre compte (de)
bemerken	remarquer
der Argwohn 6	le soupçon
argwohnen	soupçonner

Autour du mot *Sinn* :
Das hat keinen Sinn. Cela n'a pas de sens.
Das ist ohne Sinn und Verstand. C'est sans rime ni raison.
Im übertragenen Sinn, au sens figuré.
Im eigentlichen Sinn, au sens propre.
Er hat Sinn für Musik. Il a le sens de la musique.

Remarquez que le verbe *widersprechen* est inséparable :
Er hat mir immer widersprochen. Il m'a toujours contredit.

Auf der Suche nach der Wahrheit ◆ A la recherche de la vérité

die Wahrheit(en)	la vérité
wahr	vrai
falsch	faux
es stimmt	c'est exact
sicher	sûr
gewiß	certain
die Tatsache(n)	le fait
das Vorurteil(e)	le préjugé
der Gegensatz(¨-e)	l'opposition, le contraste
im Gegensatz zu	contrairement à, par opposition à
im Vergleich zu	en comparaison de
die Philosophie	la philosophie
das Dasein die Existenz(en)	l'existence
das Rätsel(-)	l'énigme, la devinette
der Begriff(e)	la notion, le concept
beurteilen	porter un jugement
sie beurteilen ihn falsch	vous le jugez mal, vous le méconnaissez
eindeutig	sans équivoque
zweideutig	ambigu, équivoque
überzeugen	convaincre, persuader
überzeugend	convaincant, persuasif
der Einfluß(¨-sse)	l'influence
beeinflussen	influencer
grundlegend	fondamental
schließen(o-oss) (aus)	conclure (de)
die Theorie(n)	la théorie
die Praxis	la pratique
abstrakt	abstrait
konkret	concret

Autour du mot *Wahrheit* :
die ungeschminkte Wahrheit, la vérité sans fard ;
die nackte Wahrheit, la vérite toute nue ;
hinter die Wahrheit kommen, découvrir la vérité.

On dit :

Ich bin überzeugt, daß du recht hast.	Je suis convaincu que tu as raison.
Aus seiner Bemerkung kann man schließen, daß...	On peut conclure de sa remarque que...

Tips zu einer Deutschlandreise

◆

Conseils pratiques pour un voyage en Allemagne

1° ANKUNFT IN DER FAMILIE	ARRIVÉE DANS LA FAMILLE
• **Vous pourrez dire :**	
Ich freue mich Sie kennenzulernen.	Je suis content de vous connaître.
Hier ist ein kleines Geschenk für Sie.	Voici un petit cadeau.
Ich habe eine gute Reise gehabt.	J'ai fait bon voyage.
Ich verstehe nicht viel.	Je ne comprends pas bien.
Sprechen Sie langsamer, bitte !	Parlez plus lentement s'il vous plaît !
Ich lerne seit 2 Jahren deutsch.	J'apprends l'allemand depuis 2 ans.
Wo ist das Bad ?	Où est la salle de bains ?
Wann kann ich das Bad benutzen ?	Quand puis-je utiliser la salle de bains ?
Ist das Bad frei ?	Est-ce que la salle de bains est libre ?
Können Sie mich um 7 Uhr wecken ?	Pouvez-vous me réveiller à 7 h ?
Um wieviel Uhr frühstücken Sie ?	A quelle heure prenez-vous le petit déjeuner ?
Ist die Schule weit von hier ?	Est-ce que l'école est loin d'ici ?
Wie fährt man in die Stadt ?	Comment fait-on pour aller en ville ?
Kann ich mit dem Rad fahren ?	Puis-je y aller en vélo ?
Kann ich Ihnen helfen ?	Puis-je vous aider ?
Wie heißt das auf deutsch ?	Comment ça s'appelle en allemand ?
Darf ich fernsehen ?	Puis-je regarder la télévision ?
• **Vous pourrez entendre :**	
Hast du eine gute Reise gehabt ?	As-tu fait bon voyage ?
Mach es dir bequem !	Mets-toi à l'aise.
Ich zeige dir dein Zimmer.	Je vais te montrer ta chambre.
Willst du deine Eltern anrufen ?	Veux-tu appeler tes parents ?
Hier ist die Vorwahl.	Voici l'indicatif téléphonique.
Bist du ausgeschlafen ?	Tu n'as plus sommeil ?
Die Toilette ist unten/oben.	Les toilettes sont en bas/en haut.
Was trinkst du zum Frühstück ?	Que bois-tu au petit déjeuner ?